ベテランキャンパーが教える

キャンプ
が100倍
楽しくなる
裏技100

夏川ロバート

JN131268

彩図社

はじめに

　いくら最新のギアをそろえて万全な体制で臨んでも、やはりキャンプは不便なものです。なんといっても、大自然の中に放り出されるのですから。

　水道の蛇口がないキャンプサイトもあるし、寝床はデコボコで、雨に耐えるのにもポリエステルのテントでは心もとない。しかも、風呂なしです。

　でも、そんな「不便」さを楽しめるのがキャンプです。

　しがらみの多い日常を抜け出して、大自然の中に飛び込むと、心身ともに疲れが回復していくのが感じられます。これこそ「転地効果」です。

　また、自然の中では個人としての力が試されます。最初は不測の事態に戸惑うこともありますが、そのうちに乗り越えられる力がつきます。

　初のキャンプ以来、僕のアウトドア歴は約30年になりますが、自然の中で数々のトラブルに対応してきた経験は、仕事の面でも活きていると感じます。

　本書は、最新の道具を使いこなそうという主旨のも

のではありません。どちらかというと、**不便を楽しむための方法を詰め込んだもの**です。バーナーがなくても火をおこし、水筒がカラになったときに水を確保する方法などを紹介しています。

　本書を読めば、手元にあるものだけでキャンプ飯やキャンプギアを手作りできるようになります。いってみれば、**上級キャンパーをめざす人のための、「裏技の実用書」**です。ＡＩの時代に何をいまさら、と思うかもしれませんが、この「裏技100」の奥深さはあなどれません。サバイバル力も身につくので、万が一という事態にもあわてなくてすむようにもなるでしょう。

　デニムのヒップポケットに呑みかけのウイスキーを入れたスキットルと、この文庫を突っ込んで、非日常の世界に飛び出してください。

　何の縛りも約束もない、見たことのない大自然が目の前に広がっていますから。

2023 年 7 月　　　　　　夏川ロバート

もくじ

2章　キャンプ飯のひと工夫

3章　快適空間の作り方

4章　野外アクティビティ

5章　もしものときの対応

1章

水と火を
効率よく使う

焚き火に適した
木の選び方

軟木と硬木を、火おこし用と追い焚き
用に分けてセレクトする

　木には大きく分けて2種類あります。燃えやすいけれどあまり燃え続けない**軟らかい木（軟木）**と、反対に燃えにくいけど、いったん火がついたら火力に持続性がある**硬い木（硬木）**です。

　この特性を活かして、火おこしのときには軟木を使い、ある程度火力が安定してきたら硬木を折って焚き用としてくべれば、効率よく焚き火ができます。

　軟木の代表格といえばマツやシラカバ、ヒノキ、スギなどです。一方、硬木にはクヌギ、ナラ、カシなどがあります。

　ちなみに、木の種類がわからなければ、火のつき方を見て判断してもいいでしょう。

火おこしに向いている **軟木**

マツ

ヒノキ

スギ

追い焚きに向いている **硬木**

クヌギ

ナラ

カシ

硬木の燃え残りは立派な木炭

　軟木と硬木には一長一短があります。どちらが優れているとは断言できませんが、強いて言えば、軟木は火の持続性がないので燃え尽きると何も残りませんが、硬木は燃え尽きたあとも木炭が残るので利用価値があります。炭も買うとそれなりにお金がかかるので、次のキャンプ用に備えて持ち帰るのもいいですね。

燃えにくい生木でも
火つきがグンとよくなる
加工のしかた

切り込みを入れてささくれさせれば、
火力に格段の差が出る

　キャンプファイヤーといえば、野山で探してきた焚き木でやぐらを組むイメージがありますが、じつは生木ほど燃えにくいものはありません。たとえ細い枝であっても湿気ている場合が多いのです。

　でも、ちょっとした細工をするだけで、火つきがだんぜんよくなります。それは、ナイフを使って**拾ってきた木に数か所、切り込みを入れる**こと。

　コツは、ナイフで樹皮をめくり上げるようにして、数センチ間隔で切り込みを入れていきます。この"ささくれ"たところから火が燃え移りやすくなります。

　水分を多少含んでいても幹や枝の中心まで浸透していることはないので、火の勢いに格段の差が出ます。

**木に切り込みを
入れると
火がつきやすくなる**

ささくれから
火が燃え移る

ナイフで木に
数cm間隔で数か所、
切り込みを入れる
（5cm程度）

火の勢いが
アップする

地面が濡れていたら…

　天気だけはどんなに努力をしたところで意のままにならないものです。雨の中でのキャンプを余儀なくされた場合、地面が濡れていては、たとえ木に火が燃え移ったとしても火力は期待できません。そんなときは、地面に大きな石を並べて火床を作ります。その上で焚き火をすれば、少々の雨でも勢いよく燃えてくれます。

煙が少なく、
火力の強い焚き火を
組み上げる

木と木の間に空気の通り道を作ってあげると失敗しない

　焚き火をするときの条件はすべてそろっているのに、煙ばかりが出てきてしまい、いつまでたっても炎が大きくならない——。こんなときは、薪の組み方に問題があります。

　薪を組むときは、ぎゅうぎゅう詰めにするのではなく、**空気の通り道を確保する**のがコツです。

　三角錐に立てたり、交互に重ねたりするなど、形にはいろいろなパターンがありますが、共通するポイントは薪と薪の間に空気が通る十分なすき間を作りながら組み上げることです。

　こうすれば、炎が空気に触れる面積が増えて、風を少し起こしてやるだけで大きな炎になります。

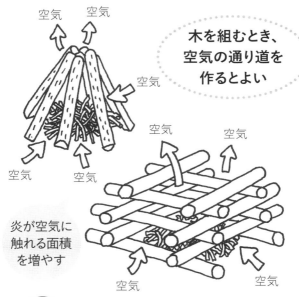

空気　空気

木を組むとき、
空気の通り道を
作るとよい

空気

空気　空気

空気　空気

炎が空気に
触れる面積
を増やす

空気　空気

レベルアップ 裏ワザ　炊事をするときは三角錐型で

　炊事にもっとも適している薪の組み方は三角錐型です。いったん火がついてしまえば、薪同士が互いの熱を伝え合うため、火力がどんどん増してくるのが特徴です。ビギナーは、まず小枝で三角錐を作ってから焚きつけ、周囲を大きな木で取り囲んでいくと火力が強い焚き火を楽しむことができます。

薪でも ガスコンロ並みの 火力調節が簡単にできる

割り箸くらいの細い薪を使って強火から弱火まで使い分ける

コトコトと煮込むビーフシチューは弱火で、焼きそばを豪快に作るときは強火で——。火加減は料理の味を左右する大切なポイントです。

そこで、まず要になるのが薪ですが、あらかじめ**割り箸くらいの細いもの**をたくさん作ってておきます。もちろん、本物の割り箸でもＯＫです。

そうしてから太い薪で火床を作り、火力が安定するまで待ってから調理に取りかかります。

コツは**常にとろ火状態**にしておくこと。そこへ細い薪を多めに放り込めば、たちまち火の勢いが増して強火になるし、放っておけば、また弱火に戻るというわけです。

①割り箸くらいの細い薪を
たくさん作っておくと便利

②太い薪で火床を
作り、細い薪を放り
込めば強火になる

③放っておけば
弱火に戻る

こんな技
やって
みました

鍋の位置を変えて火力を調節

　薪や炭を使っての火力調整はたしかにむずかしいので
すが、そんなときは、調理をしている鍋の位置を少しだ
けずらしたり、斜めにするだけで、火力調節が簡単にで
きます。あるいは火床の横に石を並べて、その上に鍋ご
と移動して余熱で温めてもいいでしょう。囲炉裏にアユ
の串打ちを立てて焼くのと同じ要領です。

雨や雪のときも
枯枝を集めて
焚き火をする方法

倒木の樹皮をはがしたものや、油脂分
が多いマツやヒノキ、スギなどを使う

　悪天候のときほど、一刻も早く火にあたりたいのが
人情というものです。「でも、濡れた枝じゃ火がつか
ない」とあきらめる前に試してみてください。

　雨に濡れた倒木でも**表面の樹皮をはがしてみる**と、
乾いた部分がけっこうあります。それに、マツ、ヒノキ、
スギなどは油脂分が多いので、ほかの木よりオススメ
です。

　また、**雪の下に埋もれている枝**は、あまり水分を吸っ
ていない場合が多いので、軽く表面をはぐだけでいい
でしょう。

　雪をかぶった常緑樹の下は、雪の重みで折れた枝が
たくさん見つかります。

濡れた倒木でも
表面の樹皮を
はがせば乾いた
部分がある

油脂分の多い
木もオススメ

マツ、ヒノキ、スギ

こんな技
やってみました

鉄板の上での焚き火をする

　高原などはあたり一面に緑が広がり気持ちがいいもの
ですが、焚き火ができないのが難点です。そこで、鉄板
の上での焚き火をするというのはどうでしょう。鉄板を
のせる"足場"を石で組んで、その上に鉄板をのせて火を
おこすのです。もちろん鉄板焼きはできませんが、環境
にやさしいアウトドアライフを楽しむことができます。

ガスが底をつき
木や葉っぱなどの
燃料もなかったら…

カラの牛乳パックを燃やせば、500ミリ
リットルくらいは沸かせる

　ボンベのガスも切れてしまい、あたりを見回しても
木や葉っぱなどの燃料が手に入らない場合は、カラに
なった**牛乳パック（1リットルパック）**を使います。

　まず、よく乾かしたパックを開いて、ナイフなどを
使って棒状に細長くなるようにビリビリと破っていき
ます。そして、そのうちの2～3枚を石などで作った
かまどに入れて点火します。

　このとき、全体が一気に燃えないようにするため、
端から火をつけましょう。あとは、火が消えないよう
にして残りの切れ端を継ぎ足していきます。

　1リットルのパックで、500ミリリットルくらいの
お湯は沸かせます。

①カラになった
牛乳パックを
用意

②よく乾かして開く

③ナイフで棒状に
破ってから2〜3枚に
火をつける

お湯が
沸かせる

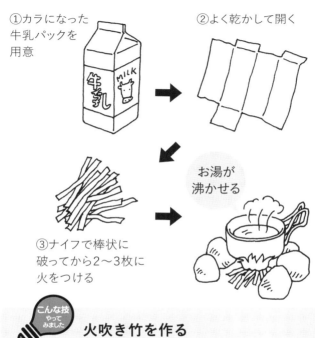

こんな技 やってみました

火吹き竹を作る

　竹を 40 〜 60 センチくらいの長さに切り、片方は節を
残して、もう一方は節から切断します。次に、竹の中の
すべての節を抜き、両端をナイフなどで滑かにします。
あとは、焚き火にあてて油抜きをすれば耐久性が高まり
ます。最後の仕上げは、残った節の底に小さな穴を開け
たら完成です。これで風勢が増します。

23

カートリッジのガスが ほとんど残っていない ときはどうする？

手でこすったり、足の間にはさんだりして温める

　自宅で使っているカセットコンロを持っていくときに、つい見過ごしてしまうのがガス・カートリッジの残量です。よくあるのが「もう少しででできあがるのに火が消えそう……」になることです。

　そんなときは、カートリッジの本体を**少し温めてみてください**。手で温めてもいいですし、足の間にはさんでもOK。**適度に温めるとガス圧の低下が抑制される**ので、最後まで火力を維持できます。一人前くらいのお湯を沸かすぐらいなら何とかなります。

　ちなみに、ガスを出し切ったらカートリッジを振ってみます。「シャカシャカ」と音がしなければ、ガスが抜けてカラになった状態です。

火が消えそうなときは…

**ガス・
カートリッジの
本体を温めてみると
よい**

手でこする
などして
温める

お湯を沸かすくらい
何とかなる

なんで そうなるの カートリッジは冷やさない

　一般の家庭でよく使われているガス・カートリッジは、ガスを液状化して高圧で封じ込めてあります。そのため、ガスが燃焼するときに気化熱をかなり奪ってしまうのです。ガス・カートリッジをキャンプ場などの屋外に持って行くときは、なるべく冷やさないようにしたほうがいいでしょう。

突然、雨に襲われても サッと火をおこす方法

> 岩や倒木で火床を作り、新聞紙でおお
> うといい

　ガスカートリッジを持っていないときに限って、突然、雨が降ってくるものです。でも、心配ご無用。火はちゃんとおこせます。

　まず、地面から離れたところに、岩や倒木などを集めて火床を作ります。もし葉が生い茂っている木があるなら、その下に火床を作れば雨をある程度防ぐことができます。

　そうしたら、火床の上に**焚きつけ用の新聞紙**、**小枝**、そして**太めの木**の順でのせていきます。あとは、ライターやマッチで点火するだけ。

　こうしてできた"火種"を絶やさないためにも、上から新聞紙でおおってやればいいのです。

①岩などで火床を
作り、その上に
右の順番でのせる　　➡　　・炊きつけ用の新聞紙
　　　　　　　　　　　　・小枝
　　　　　　　　　　　　・太めの木

②火種ができたら
新聞紙でおおう

火床を
しっかり
作ってあげる

こんな技
やって
みました
石を敷きつめて火床にする

　まだ雪渓が残る夏山で火をおこしたいときは、集めた
石を敷き詰めてから、その上で火をおこします。気温も
低いので燃え上がるまで少し時間がかかりますが、石と
石のすきまに小石を詰めるようにすれば、火種も安定し
ます。バーナーがあれば、そのまわりを石で積み上げて
囲めば風よけになります。

27

雨に強いマッチを
手作りする方法

マッチの"頭"にマニキュアを塗って乾
かせば、水に濡れていても着火する

　キャンプでの着火の王道といえば100円ライター
ですが、マッチも根強い人気があります。そのマッチ
棒を、突然の雨でも使えるようにする方法があります。
　用意するのは**速乾性のあるマニキュア**で、100円
ショップでも買えるので、現地に持って行くと重宝し
ます。マッチの"頭"にマニキュアを塗って乾かすだけ
で、多少の水に濡れてもしっかりと着火してくれます。
　保存するときは、ふたのあるビンなどに入れれば湿
気を防いでくれます。ちなみに、マッチ箱の側薬（や
すり）をふたの裏側に貼っておくと完ぺきです。
　ただし、ラメ入りなどの粗い色は着火時に弾ける危
険があるので避けましょう。

① マッチ棒は、ふたのあ
るビンに入れておく

② マッチの頭（頭薬）に
マニキュアを塗って乾かす

湿気を
防げる

側薬

ふたの裏側に
側薬を貼って
おくと着火の
ときに便利

少々の雨でも
しっかり着火する

こんな技 やってみました

懐中電灯で火がおこせる

　虫眼鏡で火をおこせるのは誰でも知っていますが、懐中電灯でも火はつきます。燃えやすいもの（火口）をみつけたら、それに向けて懐中電灯の湾曲になった反射板で太陽の光を集めて、一点に集中させます。すると、やがて煙が出てきて炎になります。もしも懐中電灯がない場合は、水を入れたペットボトルでも光を集められます。

キャンプ用品を使って 速攻で炭を手作りする

割り箸とアルミホイルがあれば、5分で炭 ができあがる

炭は、ふだんの生活にもその大きな効果が注目され
ていますが、やはり炭が本領を発揮するのはアウトド
アシーンでしょう。

でも、炭はいったん雨に濡れてしまったら、どんな
に手を尽くしても火がおきません。そこで、キャンプ
に持っていくモノで簡単に炭を作る裏技です。

まず、数本の**割り箸**を半分に折り、アルミホイルに
包みます。これをバーナーなどの火で5分ほど焼けば、
立派な木炭に変わります。小さいけれど、**7〜8本を
一緒に束ねれば、火種として十分に役目を果たします。**

割り箸はいろいろなシーンに使えるので、持ってい
くと便利です。

①半分に折った
割り箸をアルミ
ホイルに包む

②5分程度
焼く

木炭のできあがり

こんな技 やって みました

新聞紙を丸めて固形燃料にする

　炭もいいのですが、節約をするために新聞紙を使った
燃料を作る方法もあります。水を張ったバケツに新聞紙
をちぎって入れ、一晩浸します。それを手で固めて、野
球ボール程度の大きさに丸めたら、あとは乾かすだけ。
ふつうの新聞紙では火力が弱いのですが、ギュウギュウ
に丸めれば立派な固形燃料になります。

多くても少なくても困る炭や薪はどのくらい用意すればいい？

1泊を基準に次のように覚えておくと無駄も省ける

キャンプに行くとき、いつも頭を悩ますのが、持っていく炭や薪の量です。足りないのは最悪ですが、あまったらあまったで、持ち帰るのも面倒くさい……。

そこで、だいたいの目安を覚えておくと、無駄も面倒くささも一気に解消されます。

たとえば、3～4人で一晩のバーベキューをするなら、**成形炭と備長炭をそれぞれ1キロ**、用意するといいでしょう。

また薪は、1泊のキャンプで長い時間焚き火を楽しみたいなら、炊きつけ用として**針葉樹の束を1束**、それにプラスして、**広葉樹の束を3～4束**持っていけば安心です。

1泊のキャンプに必要な薪の量

2種類あるとベスト

焚きつけ用

針葉樹→1束

＋

広葉樹→3〜4束

長時間焚き火を楽しめる

レベルアップ 裏ワザ　ビギナーはガスコンロがいい

　燃料にはいろいろな種類がありますが、初心者にうってつけなのが、家庭で夕食などのときに使うガスコンロです。ガス・CB缶は、火力が弱く、外気温が低いと使えなくなることがありますが、魅力なのは何といっても使い勝手のよさと、安さです。少々の風が吹いてきても、周囲をアルミホイルなどで囲えば火は消えません。

ランタンがなくても
テントの中で
明かりをとる方法

ビニール袋と小石があれば、簡易ろうそく立てが作れる！

夜のテントは特別な空間です。仲間とゲームをしたり、お酒を飲んで語り合ったりと楽しみは尽きないものです。でも、ランタンを持ってくるのを忘れてしまったり、かといって懐中電灯では電池切れが心配です。

そこで、簡易ろうそく立てを作ってみませんか。

まず、ビニール袋の底に**小石を敷きつめ**たら、袋のふちを外側に丸めておきます。あとは袋の中にろうそくを立てるだけで完成です。これなら、風があっても消えることはないし、ろうが溶け出しても安心です。

ビニール袋は、スーパーの買い物袋やごみ袋を流用すればOK。半透明の袋なら、ビニール越しのぼんやりした明かりが素敵な夜を演出してくれます。

①ビニール袋の底に
小石を敷きつめる
（5cm程度）

②袋のふちを外側に
丸める（5cm程度）

**簡易ろうそく立て
のできあがり**

自然にゆらぐ
明かりを
楽しめる

③中にろうそくを立てる

ワインボトルで
キャンドルホルダーを作る

　アウトドアでもワインを楽しむ人が増えています。ワインの空きボトルは色のついたものが多く、それを使ってキャンドルホルダーを作るのです。やり方は簡単で、ワインの口にろうそくを刺すだけ。ボトルにろうが垂れてくると、どんどんおしゃれになります。

裏技
13

クーラーボックスに
入れた氷を少しでも
長持ちさせるコツ

氷をアルミホイルで包んでから新聞紙
でくるむと溶けにくくなる

夏のアウトドアに欠かせないのが氷です。キャンプ
場近くのコンビニで調達するのもアリですが、しかし、
これはけっこう高額なので経済的とは言えまえん。

そこで、我が家の定番になっているのが、自宅にあ
る**タッパーに水を入れて凍らす**こと。その凍ったタッ
パーをクーラーボックスに入れてもいいのですが、こ
こでひと手間。**氷をアルミホイルで包み**、さらに新聞
紙で包んでからクーラーボックスに入れます。

そうすることで、氷は空気に直接触れないので、長
持ち度がグンとアップするのです。しかも、氷が解け
たあとのアルミホイルと新聞紙は、いろいろなシーン
で大活躍してくれます。

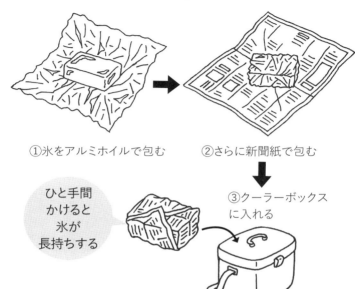

①氷をアルミホイルで包む

②さらに新聞紙で包む

③クーラーボックス
に入れる

ひと手間
かけると
氷が
長持ちする

レベル
アップ
裏ワザ

ペットボトルを凍らせて
保冷剤にする

　クーラーボックスに入れる保冷剤は重いうえ、かさばるものです。そこで、食材をあらかじめ自宅で凍らせておいてからクーラーボックスに入れれば、保冷剤の代わりになってくれます。とくに（炭酸以外の）ペットボトル飲料を凍らせれば、立派な保冷剤になってくれて一石二鳥です。

早起きして
玉のような朝露を集めて
のどの渇きをいやす

> 表面積の大きいシートを夜のうちに広
> げておき、早起きして集める

　準備万端でやってきたキャンプ生活。せっかくです
から、少し早起きして朝露を集めてみましょう。

　朝露を集めるには、夜のうちに表面積の大きい**ビ
ニールシート**などを地面に広げておきます。なければ
大きめの葉っぱでも OK です。

　翌朝、水分が蒸発しないうちに起床すれば、そこに
は玉のような朝露が…。

　ちなみに、葉についた朝露は中央をくぼませて回し
ていくと大きな、透き通った水玉になります。コップ
1 杯分くらいを集めて、朝一番の天然水を味わってみ
てはいかがでしょう。雨上がりなら木の葉をゆするだ
けで大量の水が確保できます。

①夜のうちに表面積の大きいものを広げておく

ビニールシートや大きめの葉など

②朝露がたまり、中央をくぼませて回せば、大きな水玉になる

なんでそうなるの
朝露は純粋な真水

　朝露とは、空気中の水蒸気が気温の低下によって飽和状態となって結露したものです。不純物はほとんど混ざっていないので、純粋な真水と考えていいでしょう。もちろん、人体にも害はありませんから、飲み水として利用できます。寒暖差の激しい山間部では、夜明けともなれば、あちこちに朝露がきらめきます。

ポリタンクを忘れても
1日分の水は
確保できる

ビニール袋に水を入れて、段ボールで
固定すれば、簡易ポリタンクになる

うっかり忘れてしまったポリタンク……。水場がす
ぐ近くにあれば問題はありませんが、だからといって、
いちいち水場まで行くのは面倒です。そんなときは、
近くのスーパーマーケットやキャンプ場の管理事務所
などに行って断ボールをもらってきます。

まず20リットル用くらいの**ビニール袋**を用意し、
段ボールにそのビニール袋を広げて中に水を入れれ
ば、簡易ポリタンクのできあがりです。1日分の水くら
いは確保できるでしょう。

段ボールは地面に直接置くと湿ってしまうこともあ
るので、ビニールシートを敷くなどして型を崩さない
ように工夫しましょう。

①段ボールと
ビニール袋を
用意する

うっかり
ポリタンクを
忘れたら…

②段ボールにビニー
ル袋を広げ、中に水
を入れる

地面にビニールシート
を敷くとよい

こんな技 やってみました

薬の空きビンは油入れにピッタリ

　100円ショップに行けば、調味料などを入れるケース
などが売られていますが、それでは技がないという人は、
薬の空きビンを有効利用してはどうでしょう。ふたがき
ちんと閉まるので、醤油やサラダ油などはこぼれること
はありません。ただし、においのきつい薬のビンだけは
取扱注意です。

近くに川や雨水がなくても自力で飲み水を確保できる

ビニールシートを使えば、地中の水分が集まる

まず、陽の当たる場所に**深さ30センチ、1メートル四方の穴を掘り**、そこに水がたまる容器を入れてから**ビニールシートでおおいます**。

次に、穴の周囲を土や石で固定して密閉し、水蒸気が容器の上から垂れるようにするために、**小石をのせて傾斜を作ります**。あとはコップに水が溜まるのをひたすら待つだけです。

ちなみに、細いチューブがあれば、シートを外さずに飲めます。

遭難することはめったにないとは思いますが、地面から出た水がどんな味なのか興味がある人は、一度試してみては？

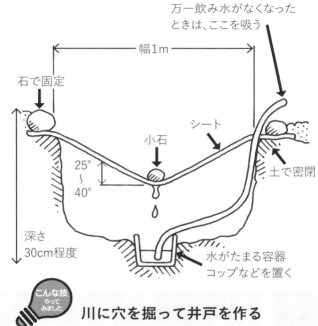

万一飲み水がなくなった
ときは、ここを吸う

幅1m

石で固定

小石

シート

25°
〜
40°

土で密閉

深さ
30cm程度

水がたまる容器
コップなどを置く

こんな技
やって
みました

川に穴を掘って井戸を作る

　川岸に50センチほどの穴を掘ると、即席の井戸ができます。雨上がりの濁った川でも比較的澄んだ水が湧いてくるので、コーヒーのフィルターやキッチンペーパーなどでろ過したあと、煮沸してからカレーなどの料理を作るときの水として使えます。やってみると、けっこうワイルドな味がします。

しょっぱくて飲めない海水を飲料水に変えるには？

簡易蒸留装置を作って蒸留水を集める

　あまり遭遇したくないシーンですが、海にキャンプに行って一滴の飲み水もないとすれば、海水から水を得るしかありません。海の水は塩分が強くてそのままでは飲めませんが、図のような蒸留装置を作れば、真水に変えることができます。

　まず、**鍋に4分の1程度の海水を入れ**、鍋底に石を敷きます。その石の上に蒸留水をためるためのコップを置いたら、冷却用の**海水を入れたふた**で閉めます。

　もし、これだけの装置を作ることができなければ、鍋に海水を入れて火にかけ、その上にきれいな布をかぶせてください。布が吸収した水蒸気を絞れば立派な飲料水になります。

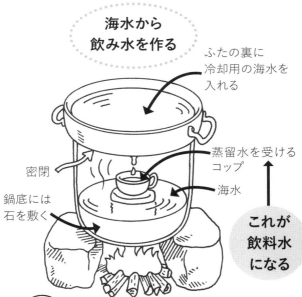

海水から飲み水を作る

ふたの裏に冷却用の海水を入れる

蒸留水を受けるコップ

密閉

海水

鍋底には石を敷く

これが飲料水になる

レベルアップ 裏ワザ　波打ちぎわに穴を掘る

　まず、海が満潮時の波のラインを覚えておきます。そして潮が引いたときに、そのラインより少し海よりのところに穴を掘ると水が湧き出します。もちろん塩分は含まれていますが、しばらくすると重い海水は下に沈み、上に行くほど真水に近くなります。もしも非常事態になったら、それを飲むこともできます。

キャンプＱ＆Ａ①

　ソロキャンプが人気ですが、大人が１人で１泊２日のキャンプをするとしたら、どのくらいの水が必要になるでしょうか？

　A　１リットル
　B　２〜２.５リットル
　C　３〜４リットル

答え…B

　１人でキャンプをするなら、２リットルのペットボトルが１本あれば充分です。

　家族４人でのキャンプなら、８〜１０リットルくらいが必要でしょう。

　キャンプ場やサイトの近くに水場があれば、これより少なくても大丈夫ですが、麺類や鍋料理、スープなど、水が必要なメニューを作るときは少し多めに持っていくと安心です。

2章

キャンプ飯の
ひと工夫

鍋のふたをとらなくても ご飯の炊き上がりが 一発でわかる方法

スプーンを鍋に当てたときに、カチカチ
していたら、水が残っている証拠

　鍋でご飯を炊くときの最大の難関といえば、火加減
と炊き上がりの時間です。「赤子泣いてもふたとるな」
といわれているほどですから、中の様子は想像にまか
せるしかありません。

　そこで、スプーンの登場です。そろそろ炊けたかな
と思ったら、**スプーンの凸面を鍋の横にそっと当てて
みましょう**。スプーンが振動ではじかれて、カチカチ
と音が出るようなら、まだ中に水分が残っている証拠。
振動や音がおさまり、ふたの隙間から湯気が出なくな
れば、炊き上がり目前です。

　あとは火からおろして、ふたをしたままタオルなど
で包んで 10 〜 15 分ほど蒸らせば炊き上がりです。

炊き上がり具合は こうすればわかる

そろそろかなと思ったら、
スプーンを鍋に当ててみる

カチカチいうなら
中に水が残っている

・・・・

音が
おさまって
きたら
炊き上がり

こんな技 やって みました

炊飯と同時に蒸しシュウマイ

　ご飯を炊くときの鍋は、内ぶたのあるモノを選ぶのが賢い選択です。同じ火にかけるなら、その時間と手間をムダにすることはありません。炊飯と同時に内ぶたにシュウマイなどの蒸し物を入れておけば、ご飯とおかずが同時にできあがります。時間も手間も省けて一石二鳥。アツアツでジューシーに蒸し上がります。

飯ごうを忘れても
空き缶があれば
ホカホカのご飯が炊ける

ビールの空き缶を使えば、ちょうど一
人前のできあがり!

　飯ごうや鍋がなければご飯は炊けない、と思い込ん
でいませんか。そこで、裏ワザの登場です。

　まず、よく洗って上部の飲み口をくり抜いたビール
の空き缶(500ミリリットル)に米を1合入れ、水に
浸したら割り箸で軽くかき回してください。**水が透き
通るまで数回、研ぐのがコツ**です。無洗米の場合はそ
のまま使います。缶はビール缶以外でもOKです。

　次に、米の約1.5センチ上まで水を注いだら、アル
ミホイルでふたをして、ヒモや草などでしっかりと口
を結びましょう。焚き火のそばに置き、**ふたがぷくっ
と膨らんだら炊き上がり**です。火から遠ざけて蒸らし、
再度、ふたがへこんだら食べごろです。

①よく洗ったビールの
空き缶に米1合を入れ、
数回研ぐ

②米と水を入れ、アルミ
ホイルでふたをする

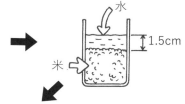

水

1.5cm

米

③ふたの部分をヒモなど
で結んで火のそばに置く

④ふたが膨らんだら
火から遠ざける

蒸らして再度
ふたがへこん
だら食べごろ

裏ワザ　炊き込みご飯を作ってみよう

　同じ要領で、火にかける前に具材と調味料を入れれば、
炊き込みご飯ができます。野菜や山菜のほかに肉や魚の
缶詰など、どんなものでもＯＫ。たとえば大きめのキノ
コの缶詰を持って行き、空き缶を飯ごうにして米、キノコ、
漬け汁、醤油、酒を加えて炊けば、風味満点のキノコご
飯がいただけます。

自生している青竹で 野趣あふれる ご飯を炊く

切った青竹に詰めて炊けば、風味満点 の炊きたてご飯が食べられる

　現地調達をするのがキャンプのたのしみのひとつで す。ならば、"炊飯器"も自然の中から拝借したいと ころです。そこで重宝するのが**青竹**です。

　まず節をひとつ残して切り、中に研いだ米と水を入れ ます。**アルミホイルでふた**をしたら、ふたを針金やた こ糸でしっかり結び、あとは焚き火にかけるだけです。

　このとき、節から下を斜めにカットしておくと地面 に刺しやすいうえ、上部に切れ目を入れると水分が吹 きこぼれるので、炊き上がりの目安になります。水分 が吹きこぼれたら、火から離して蒸らします。

　食べるときは、縦にふたつに割るだけ。竹の油がのっ た風味満点の「竹ご飯」のできあがりです。

青竹で作る炊飯器

①青竹を切り出す

節をひとつ残す

竹の上部に切れ目を入れると炊き上がりの目安になる

②研いだ米と水を入れ、アルミホイルでふたをしたら針金かたこ糸でしっかり結んでおく

③2つに割ってできあがり

レベルアップ裏ワザ

青竹フライパンで目玉焼きを作る

　火に強い青竹なら小さなフライパン代わりにもなります。縦にふたつに割ったら、一方を寝かせて油を敷きます。それに卵、ベーコン、野菜などを入れたら、もう片方をふたにしてかぶせます。焚き火の近くに置いて、しばらくすれば豪華目玉焼きのできあがり。洗い物も少なくてすむうえ、何より野趣満点で味も格別です。

冷たくなったご飯を
温かくするひと手間

鍋と石で即席蒸し器を作って温める

　アウトドアでは、残ったご飯をレンジで温めて……
というわけにはいきません。温かいご飯が食べたいと
思ったら、即席の蒸し器を作って温めなおしましょう。

　まず、コッヘルなど、ある程度深さのある鍋の底に
石を並べます。それから、石の半分くらいまで水を入
れたら沸騰させます。

　次に、**金網やフキの葉などを敷いた上に残ったご飯
をのせる**だけ。あとは鍋にふたをしたら、３分くらい
火にかければOKです。ふたは、隙間があってもかま
いません。

　野外でも簡単な蒸し料理が楽しめるので、料理のレ
パートリーが広がることうけあいです。

3分で温かいご飯が食べられる

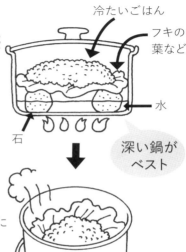

冷たいごはん

フキの葉など

水

石

深い鍋がベスト

①鍋の底に石を置き、水を入れ、フキの葉などを敷く

②3分ほど火にかければできあがり

こんな技やってみました

大好評！イワナの酒蒸し

　イワナをゲットしたときは、塩焼きもいいものですが、たまには酒蒸しにして食べてみてはいかがでしょう。作り方は、ご飯の蒸し方と同じです。コッヘルには水の代わりに日本酒を入れ、イワナをササの葉で包み、石の上に置いて蒸すだけです。独特の風味があって、思わず一杯やりたくなってしまいます。

保存のきく
究極のレトルトご飯を
手作りする

残ったご飯を洗って乾燥させればでき
あがり

　長期のキャンプや登山に出かけるとなったら、余分
に持っていきたいのが食料です。とくに便利なレトル
ト食品は、多めに用意しておけばいざというときに安
心です。そこで、安上がりで簡単な究極の自家製レト
ルトご飯を作ってみましょう。

　まず、**残ったご飯をザルで一度水洗い**してください。
それを**天日でじっくり乾燥させて** "干し飯" にします。

　乾ききったら手でバラバラにほぐして、空き缶に移し
替えるだけ。お湯をかければ朝食のおかゆになりま
す。お茶漬けの素を持参するのもいいですね。

　空き缶は、コーヒー豆や茶葉の缶などのふたがきち
んと閉まるものがオススメです。

①残ったご飯を
ザルで水洗い
する

②天日でじっくり
乾かす

干し飯
になる

③乾ききったら手で
バラバラにほぐす

④空き缶に移して、
できあがり

ひと手間加えて「おこし」作り

茶碗一杯分の干し飯を、ひとつまみずつ油でさっと揚げておきます。フライパンに砂糖大さじ3、ハチミツ大さじ2、水大さじ1、醤油小さじ1を加えてアメを作ったら、そこへ揚げた干し飯をからませます。バットや弁当箱などに入れて重石で固めれば「おこし」のできあがり。これなら歩きながらでも食べられます。

芯が残ってしまった固いご飯を、ふっくらご飯に復活させる

酒をふりかけてもう一度火にかければ、ちょうどいい固さになる

炊飯器に慣れてしまうと、鍋や飯ごうでの炊飯はなかなか一回で成功しないもの。でも、炊いたご飯が固くて芯が残ってしまっても、ガッカリする必要はありません。

少し味見をして「あれっ？」と思ったら、そのままの状態で**ご飯全体に大さじ1杯程度の日本酒をまわしかけ**てください。そして、もう一度弱火でコトコト炊き、頃合いを見計らって火からおろしたら、十分に蒸らします。

そうすれば、米粒の芯が取れてふっくらと炊き上がり、酒のうまみも加わって風味満点のおいしいご飯がいただけます。

ご飯に芯が残って
しまったら…

①ご飯全体に
大さじ1杯程度の
日本酒をまわし
かけする

②弱火で
コトコト炊く

ふっくら

③火からおろし、
十分に蒸らす

裏ワザ　ご飯の水っぽさを防ぐには…

　芯のあるご飯もイマイチですが、水分が多いご飯もいただけません。水加減がちょうどいいのに水っぽく感じたら、蒸らしの最中にふたについた水滴が落ちてベチャッとなっている可能性があります。それを防ぐには、蒸らす前にふきんをかけてからふたをします。そうすればふきんが水分を吸収してくれて、水っぽくなりません。

ご飯を炊くときに
鍋の底が焦げつく
心配がない方法

米を入れる前に鍋の底にアルミホイル
を敷きつめるだけ

　飯ごうがなくても鍋さえあればご飯は炊けますが、
火加減がむずかしいので、鍋底が焦げつくこともあり
ます。そんなときには、**アルミホイル**を使いましょう。

　あらかじめ米を入れる前にコッヘルなど鍋の底に敷
いておけば、直火が当たりすぎるのを防いでくれるの
で焦げつきにくくなります。あとは、いつものように
米を炊くだけです。水と研いだ米を入れたら鍋をコン
ロに乗せ、3分ほどしたら少し火を強めて、しばらくす
ると吹きこぼれて……、炊き上がるまでふたは開けな
いといった具合です。

　ちなみに、アルミホイルには裏表はありません。見
た目はちょっと違いますが、性能は変わりません。

「焦げちゃった…」
とならないために

米を入れる前に
鍋の底にアルミ
ホイルを敷いて
おけば焦げつき
にくくなる

焦げたご飯は「ごへいもち」に

　焦げてしまったご飯や前の日の残りご飯は、火で直接
あぶって「ごへいもち」にするとおいしくいただけます。
割り箸や小枝に小判型にしたごへいもちを刺して、うす
く醤油を塗ります。それを焚き火にかければできあがり。
砂糖醤油を塗ったり、海苔を巻けば香ばしさが一段と際
立ちます。

竹と小石があれば アツアツの味噌汁が できる

竹の器に具材を入れたら、火でカンカンに焼いた小石を放り込むだけ

　東北地方の郷土料理に「石焼き鍋」というのがありますが、そんな野趣あふれる料理こそキャンプにはもってこいです。そこで、同じ要領で一人前の味噌汁を作ってみませんか。

　まず、**タテに割った竹の器**に、野菜やキノコなどの具と味噌、水を入れます。仕上げに焚き火で**カンカンに焼いた小石を投入**して沸騰させてください。

　しばらくしてグツグツと煮えてくれば、アツアツの"石焼味噌汁"のできあがりです。

　いただくときは石を取り出してから。これなら好きな人数分だけ効率よく作れます。目で、耳で、舌で味わってください。

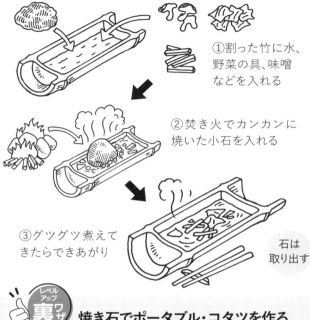

①割った竹に水、
野菜の具、味噌
などを入れる

②焚き火でカンカンに
焼いた小石を入れる

③グツグツ煮えて
きたらできあがり

石は
取り出す

裏ワザ （レベルアップ）　焼き石でポータブル・コタツを作る

　同じ要領で携帯コタツを作りましょう。手ごろな石を
数個、焚き火で焼き、ふたのある大きめの缶に入れます。
それをトレーナーやタオルなどの厚めの生地でくるめば、
あったかいポータブル・コタツのできあがり。ただし、
軍手を着用すること。火で焼いた石は想像以上に温度が
高いので、火傷には十分注意が必要です。

山で見つけた山菜を短時間でおいしいおひたしに仕上げる

塩と木灰をまぶしてから、熱湯をかけて蒸らす

　山で見つけた山菜をその場でおひたしにしたけれど、苦くて食べられなかったことはありませんか。

　野生のゼンマイやワラビなどは、とくにアクが強いので、家庭で料理するようなレベルのアク抜きではとても苦く感じるのです。

　そこで、塩と一緒に薪の燃えカス、つまり**灰をまぶしてから熱湯をかけ、10 〜 20 分ほど蒸らしてください**。あとは冷水にさらすだけで強い苦味がマイルドになり、おいしいおひたしになります。

　ちなみに、ゼンマイなどに含まれるチアミナーゼという成分はアルカリと熱で分解されるので、アルカリ性である灰を溶かしたお湯は適任というわけです。

①灰に塩を加え、よくまぜる

②山菜にまぶす

③熱湯をかけ、10〜20分蒸らすとできあがり

こんな技 やってみました

炒めれば苦味が抑えられる

　山菜といえばおひたしが定番ですが、天ぷらや味噌汁、炒め物などにして食べると、アク抜きをしなくてもさほど苦みを感じません。とくにアクが強いものは別ですが、ウドやヨモギ、セリなどは高温の油や調味料（味噌がオススメ）を使った料理にすると、アク抜きする手間がはぶけます。

ふつうのフライパンを
オーブンに
変身させるには？

フライパンの上に火床を作って上と下
から火を当てる

　もしも野外でオーブンが使えたら、アウトドア料理
のレパートリーも広がって本格的な味が楽しめるは
ず。相変わらずダッチオーブンは人気ですが、少々高
価なので、なかなか手が出ません。そこで、とってお
きの変身技です。

　道具はフライパンとふただけ。ただし、下からだけ
でなく**ふたの上からも火を当てる**ようにします。

　図のようにふたの上に小枝を組み上げて火床を作
り、そこに枯れた草などを入れて火をつければ、オー
ブンと同じ構造になります。

　ちなみに、ふたがないときは大きめの別のフライパ
ンを使ってもOKです。

①ふたの上に
小枝を組み、
枯れ草を入れて
火をつける

②上と下から火を
当てるように
する

**フライパンが
オーブンに
変身！**

レベル
アップ
裏ワザ **簡易オーブンで簡単ピザパン**

　まずフライパンに食パンを1枚のせます。片面を焼い
てから裏返し、トマトソースをまんべんなく塗ります。
サラミやピーマン、タマネギなどのトッピングを彩りよ
く盛りつけ、最後にたっぷりとチーズをのせます。それ
を上の図のような"オーブン状態"で数分焼けばできあが
りです。朝ごはんに最適です。

鍋や釜がなくても原始的な方法で調理ができる

焼いた石は並べて蒸し焼きにできるし、竹は鍋代わりになる

　もし鍋や釜がなくても、原始的なやり方で調理ができます。自然の中にあるものを使えば、いろいろダイナミックな料理が楽しめます。

　まず、**小枝や枯葉**などを集めて火をおこしたら、大小さまざまな石で**焼き石**を作ります。掘った穴の中にそれらの焼いた石を並べて、その上に**フキの葉**で包んだ食材（山や川でとれたもの）を置きます。

　最後に、その上に草を敷いて、さらに上から土をかぶせればおいしい蒸し焼き料理の完成です。

　ちなみに、大きめの石を焼けば、そのままフライパンの代わりにもなりますし、竹は案外熱に強いので鍋としても使えます。

①火をおこして
焼き石を作る

②穴を掘り、
焼いた石を並べる

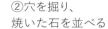

③フキの葉に包んだ食材
の上から土をかぶせる

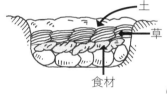

土

草

食材

**石や草があれば
蒸し焼きが
できる！**

竹も
鍋になる

こんな技
やって
みました

小さな焼き石でホットミルク

　キャンプ場は、夏といえども夜になるとグンと気温が下がることがあります。そんなときは、みんなでホットミルクを飲むというのはどうでしょう。焚き火の火は落ちても、焼き石がまだ熱ければ、冷たいミルクの中にそれを入れるのです。ちょうどいい温度のワイルドなホットミルクができます。

フライパンがなくても
おいしいベーコンエッグ
ができる

二股の枝とアルミホイルがあれば、お
手軽フライパンが作れる

　キャンプの朝食の定番のひとつといえば、ベーコン
エッグです。もしもフライパンがなくても、ベーコン
エッグが簡単に作れます。

　まず、二股に分かれた太めの枝を探してきます。そ
して、その枝の間に**アルミホイル**を渡せば立派なフラ
イパンの完成です。あとは調理をするだけです。

　油かバターを入れて火にかけ、そこへベーコン、卵、
塩、コショウの順に入れ、アルミホイルで作ったふた
を上からかぶせれば、おいしいベーコンエッグのでき
あがりです。

　フライパンを持つ手が熱くならないように、柄の部
分にもアルミホイルを巻いておけば安心です。

①アルミホイルと
二股に分かれた枝を
用意する

②油かバターを入れたら火に
かけ、卵やベーコンを入れて、
アルミホイルでふたをする

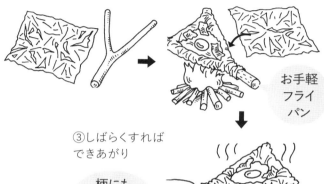

お手軽
フライ
パン

③しばらくすれば
できあがり

柄にも
アルミホイル
を巻く

段ボール箱で作る本格派ベーコン

　段ボール箱に2段の針金を等間隔で通します。上段は
ブロックの豚バラ肉を載せた焼き網を、中段には肉汁を
受ける皿、下段には点火したスモークウッドをのせた皿
を置きます。スモークの漏れを防ぐため、ガムテープで
箱をふさげば約5時間で完成。ふたができるのぞき窓を
作っておけば、中の様子もチェックできます。

フライパンがなくても
アツアツのホットサンド
が作れる

サンドイッチを牛乳パックに入れて焚
き火で焼けば、ホットサンドができる

アウトドアクッキングとはいえ、ワイルドな料理だ
けでなく、たまにはシャレたメニューにも挑戦したい
ものです。

でも、手間がかかっては面倒なだけなので、手軽に、
しかもおいしくいただけるアイデアメニューを紹介し
ます。

まず、バターを塗った食パンにハムやチーズをはさ
んで、サンドイッチを作ってみましょう。それをアル
ミホイルでしっかりと包んだら、**牛乳パックに詰めて
焚き火の中へそのまま入れてください**。

牛乳パックが燃え尽きたら、チーズがトロリととろ
けるホットサンドのできあがりです。

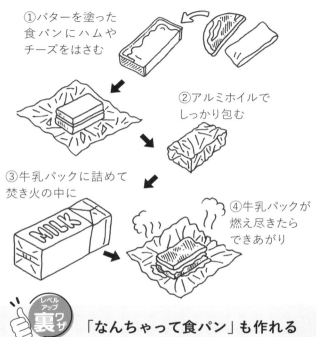

①バターを塗った食パンにハムやチーズをはさむ

②アルミホイルでしっかり包む

③牛乳パックに詰めて焚き火の中に

④牛乳パックが燃え尽きたらできあがり

MILK

レベルアップ裏ワザ　「なんちゃって食パン」も作れる

　どうせならパンも手作りしたいという人には、簡単な「なんちゃってパン」をご紹介。ホットケーキの素に水を加えて、耳たぶくらいのかたさになるようにこねます。それを小さめの食パンサイズに整え、焚き火の近くに置けば、ふっくらとしたパンのように仕上がります。あまり厚くならないようにするのがコツです。

バーベキューの
焼き網に肉や魚が
くっつくのを防ぐ

網にうすく酢を塗っておけば、細菌も
やっつけてくれて一石二鳥

　焼き網の上でなんでも焼いて、ワイワイやるのが
バーベキューの醍醐味です。でも、食材が網にくっつ
いて肉が焦げついたり、魚の皮がくっついてしまい、
身がバラバラにほぐれたりすることはありませんか。

　網をよく熱してから**油をひく**のは基本中の基本です
が、それでも解消されない場合は、焼き網に**うすく酢
を塗ってみてください**。やり方は、ハケやキッチンペー
パーを使って表面に塗っていきます。

　すると、肉や魚のくっつきを防ぐだけでなく、細菌
の増殖も防いでくれるので、まさに一石二鳥です。

　ちなみに、ツンとくるあのニオイが食材に移る心配
はないので、ご安心を。

食材が網にくっついて
しまうのを防ぐには…

**うすく酢を塗ると
食べ物がくっつき
にくくなる**

ハケやキッチン
ペーパーを使う

くっつか
ない

細菌も
防げる

**こんな技
やって
みました**

野菜の乾燥を防ぐには

　仕込んでおいた野菜をいざ焼こうとすると、すでにパ
リパリに乾燥しきっていることがあります。もちろんラッ
プや濡れふきんがあればいいのですが、それがない場合
は、油を塗っておくと効果的です。乾燥を防いでくれる
うえ、すでに油分を含んでいるため、そのまま焼けるの
で好都合です。

あまった肉を
人気のおつまみに
変身させる

その場でビーフジャーキーにして保存
する

　焼かずにあまった肉を捨ててしまうのは、ゴミを増やすどころか悪臭のもと。そんなときは、その場でビーフジャーキーにしてしまいましょう。

　作り方は簡単です。スライスした生肉に塩、コショウ、ガーリックパウダーなどで**味つけして乾燥させるだけ**。真夏なら半日くらいでおいしいビーフジャーキーになります。

　重さは3分の1くらいまで減りますが、1週間はもつので安心して持ち帰ることもできます。

　あまった肉でも、アイデアしだいでおいしいおつまみに変身します。これなら、一緒に連れて行った愛犬たちも大喜びです。

①肉に塩、コショウ、ガーリック
パウダーなどで味つけする

あまりものが
保存のきく
おつまみに
生まれ変わる!

②真夏なら半日くらいでビーフジャーキーになる

こんな技
やって
みました

腐りやすい生モノは下味をつける

　自宅から肉や魚を持参するときは、あらかじめ下味を
つけておくと腐りにくくなります。魚なら酢につけてマ
リネ風にしたり、肉は味噌につけると色も変わらないの
で安心です。時間のあるときは、前の日からスペアリブ
のタレを作って漬け込んでおくと、味がしみ込んで専門
店の味が楽しめます。

丸焦げにならない
屋台風焼きトウモロコシ
の作り方

下味をつけたら、アルミホイルで包んで
焼くだけ

　トウモロコシに塗った醤油の焦げたニオイは食欲を
そそります。でも、茹でたトウモロコシに醤油をつけ
ながら焼くと、香ばしい香りはするものの、焦げやす
くなるのが難点です。

　そこで、生のまま**アルミホイル**に包んで焼くと、乾
燥を防いでくれてうまみが逃げず、とてもおいしく焼
きあがります。熱で溶けないように、**アルミホイルで
ぴっちりと巻くようにして包む**のがポイントです。

　あらかじめ、ニンニク醤油などで下味をつけておけ
ば、これこそ屋台の味。そのまま売り物になりそうな
でき栄えです。タレをつけながら食べるより、しょっ
ぱくなりません。

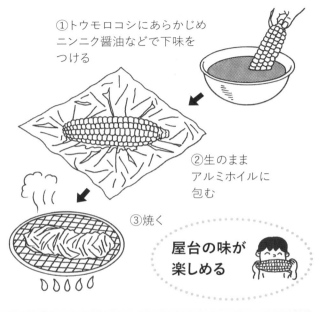

①トウモロコシにあらかじめ
ニンニク醤油などで下味を
つける

②生のまま
アルミホイルに
包む

③焼く

屋台の味が
楽しめる

こんな技やってみました　アルミホイルで包んでできる ピーマンの肉詰め

　バーベキュー用の肉があまったら、細かく刻んでピーマンの肉詰めを作ってみてはどうでしょう。アルミホイルに包んでから焼けば焦げすぎず、肉は中までしっかり火が通るので、肉汁もたっぷり。あまったニンニクもホイル焼きにすれば、ホクホク感はお墨つきです。

クーラーボックスに
氷がなくても
釣った魚の鮮度を保つ

塩をふってフキやササの葉でくるんで
おけば保存食になる

　朝に釣った魚は、夜になるころには鮮度が確実に落ちます。しかも、冷蔵庫のない野外となると、生物の鮮度を保つのは至難の業です。

　そんなときは、あらかじめ**フキの葉**を探しておきましょう。

　まず、魚の内臓とエラをとり、塩をふります。このとき、できれば血も洗い流しておくといいでしょう。そうして1匹ずつフキの葉にくるみ、ビクやザルなど通気性のいいものに入れて持ち歩けば、1〜2日は大丈夫です。

　フキの葉が見つからなければ、ササの葉を魚と魚の間に挟み入れるだけでも効果があります。

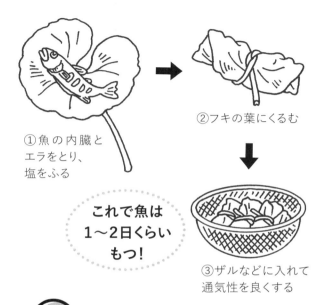

① 魚の内臓と
エラをとり、
塩をふる

② フキの葉にくるむ

これで魚は
1〜2日くらい
もつ！

③ ザルなどに入れて
通気性を良くする

なんで
そうなるの

殺菌効果があるサポニン

　フキの葉と茎にはサポニンという成分が含まれていて、これには防腐効果と殺菌効果があります。その効果は、煎じてのどの痛み止めなどにも使われるほど。いわば、薬草の一種というわけです。春先に姿を現すフキノトウの花は食して、葉は食料保存に使います。フキは野草のオールラウンドプレイヤーなのです。

裏技35

クーラーボックスに入りきらない野菜はどこに保存する？

袋に入れて水に沈めたり、穴を掘って土の中に埋めたりすると日持ちする

「そういえば、田舎のおばあちゃんがやってたなあ」と、思い出す人も多いはずです。

根菜類やネギなどを**土に埋める**ときは、生えていた状態のままで埋めるのがコツです。

穴を掘って土の中に保存するときは、断熱材がわりに石を敷きつめるといいでしょう。

また、**水に沈めて冷やす**のは、飲み物や果物だけではありません。ポリ袋で二重にきっちり密閉しておけば、肉や魚だって大丈夫です。

常に水が流れている谷川や小川の太陽があたらない日陰、湧き水があればその中に入れておくというのもいいですね。

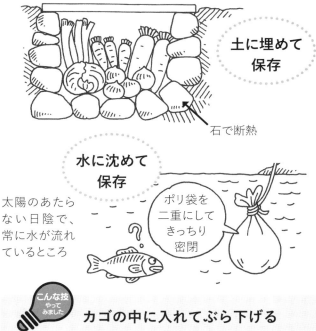

土に埋めて保存

石で断熱

水に沈めて保存

太陽のあたらない日陰で、常に水が流れているところ

ポリ袋を二重にしてきっちり密閉

こんな技 やってみました

カゴの中に入れてぶら下げる

木にカゴをぶらさげて、その中に野菜や果物を入れておくのもいいでしょう。これだと入れたり出したりが簡単にできるので便利です。木陰で風通しのいいところなら、1日ぐらいは大丈夫。カゴに数滴のお酢をたらしておくと、虫が寄ってこないので安心です。このざっくりとした素朴なやり方は、キャンプにピッタリです。

ザルがなくても
野菜が洗える

> シンクの三角コーナー用の生ゴミ袋を
> 使えば楽勝！

　ワイルドさがものをいう野外料理では、野菜をいち
いち洗わなくても何とかなるものですが、食材によっ
ては洗いたいものもあります。

　洗わないと、サラダなどはパサパサするし、もしか
したらきれい好きな人がクレームをつけるかもしれま
せん。かといって、ザルを持っていくのも面倒なもの
です。

　こんなときは、シンクに置く**三角コーナー用の生ゴ
ミ袋**（水切りネットなど）の出番です。

　刻んだ野菜を入れて、袋ごと水に浸して軽くゆすぎ
ましょう。引きあげれば小さな穴から水が落ちるので、
あとは軽く絞るだけです。

①刻んだ野菜は三角コーナー
用の生ゴミ袋に入れる

②袋ごと水に
浸しておく

③使うときは、
水から引きあ
げて軽く絞る
だけ

**こんな技
やって
みました**

使い回すなら洗濯ネット

　大人数でのバーベキューでは、大きめの洗濯用ネット
なら大量の野菜が入ります。ファスナーがついているの
で出し入れもしやすいし、新品をひとつ買っておけば何
度でも使えるので経済的です。なるべく細かい目のモノ
を選ぶのがポイント。100円ショップなどでも手に入る
ので、多めに買っておくと重宝します。

ディナータイムに華を添えるお手製のワインクーラーを作る

ペットボトルの上部を切り取り、ワインボトルのまわりに氷水を入れる

　豪華でワイルドな料理に、テーブルワインとキャンドルを灯して……。でも、肝心のワインが冷えていないのはいただけません。そんなときは、**ペットボトル**を使ってお手製のワインクーラーを作りましょう。

　たとえば、2リットルのペットボトルの直径は10センチほどなので、ハーフサイズのワインボトルなら無理なく入ります。「いや、絶対にフルボトル（直径は8〜11センチ）だ」という人は、取っ手がついている4〜5リットルなら余裕で入ります。

　ペットボトルの上部を切り落としたら、そこへワインボトルを入れて**まわりに氷水を注ぐ**だけ。これで涼しげなワインクーラーの完成です。

ワインが冷えて
いないときは…

①ペットボトルの
上部を切りおとす

②ワインボトルと
氷水を入れる

ワインクーラーの
できあがり

こんな技やってみました

ワインボトルを再利用のデキャンタで飲む

　カラになったワインボトルは、デキャンタ代わりにするとオシャレです。わざわざ持っていくと大変なので、前日に飲んでカラになったボトルで十分。中をキレイに洗ってからウイスキーを入れ、ソーダで割ればオシャレなハイボールが。気分はすっかり森の中のバーです。

コーヒーはあるのに ドリッパーとフィルターを 忘れたら？

ペットボトルとキッチンペーパーで代用できる

コーヒーがないと一日がはじまらない、という人は僕を含めて少なくないはずです。

でも、自宅でコーヒー豆を挽いて持ってきたまではよかったけれど、肝心のフィルターとドリッパーを忘れた……なんて経験はありませんか。

そんなときは、カラになった2リットルサイズの**ペットボトル**を再利用します。上（キャップ）から3分の1くらいのところで切ってドリッパーにし、フィルターは**キッチンペーパー**を切って代用します。これで、1〜2人分の淹れたてのコーヒーを味わえます。

キッチンペーパーがないときは、木綿のハンカチでもOKです。

①ペットボトルの上から3分の1を切りおとす

②切ったものを逆さまにする

ドリッパー代わり

フィルター代わり

③キッチンペーパーをフィルター代わりにしてコーヒーを淹れる

こんな技 やってみました

手ぬぐいは万能選手

　手ぬぐいは吸湿性にすぐれていて、速乾性が高く、衛生的です。しかも、使い勝手がいい。水に濡らして首に巻けば、熱中症対策になったり、帽子の代わりにもなります。水滴を吸収してくれるのでペットボトルホルダーにすれば、カバンの中に入れても大丈夫。鍋つかみとして使ったりと、まさに万能ツールです。

一瞬でザルをどんぶりに変身させる速攻技

アウトドアの万能選手・アルミホイルを敷きつめれば汁物もOK

　いつも家庭で使っている調理器具や、食器などがない野外料理で大活躍するのが**アルミホイル**です。軽量で火に強いうえ、形を自由自在に変えられるのが最大の特徴です。

　この利点を活かせば、本来、食器にはなり得ないはずのザルも立派などんぶりに大変身します。ザルにアルミホイルを敷きつめて、まわりを外側に折り返して固定するだけで完成です。

　これなら、ラーメンやとん汁などの汁物でもこぼれません。カレーを入れたり、取り皿に使ったり、なにかと用途が広い、ひとつあると超便利なアルミホイルを使った"簡易食器"です。

①ザルにアルミホイル
を敷きつめる

火に
強い！

②外側に折り返して
固定する

汁物も
OK

簡易どんぶりの
できあがり

レベル
アップ
裏ワザ **アルミホイルは使い回しする**

　洗えて形を変えられるアルミホイルだからこそ、使い
まわしができます。まず、出発前に食材を包んで運びます。
現地では落しぶたなど調理用具として活用し、食べると
きは食器代わりにします。食事の締めに鉄板焼きをする
なら、油汚れ防止のシートにも、ホイル焼きにも使えます。
最後は汚れの拭き取り用に使えばムダがありません。

トイレットペーパーを
おしゃれに使いこなす
方法

芯を抜いて紙を引き出してからバンダ
ナで包む

キッチンペーパーや箱入りのティッシュを使う手も
ありますが、アウトドアではやっぱりトイレットペー
パーの出番が多いものです。

鼻をかんだり、トイレ用に使うのはもちろん、食器
の汚れ落としまでと、いろいろなシーンで大活躍して
くれます。

でも、テーブルの上にデンと置いてあったのでは、
興ざめしてしまいます。そんなときは、**真ん中の芯を
抜いて、中から紙を引っぱり出す**と、とても使いやす
いうえに、倒れることもなく見た目もスマートです。

しかも、まわりをバンダナなどで包めば、誰もトイ
レットペーパーだなんてわかりません。

①トイレットペーパーの芯を抜く

②中から紙を引き出す

③バンダナで包む

テーブルの上がちょっとおしゃれになる

こんな技
やってみました

ペーパー類はポリ袋に入れる

　ペーパー類は、一度濡れてしまうと使えなくなることもあります。そこで、ジッパーのついた食品保存用のポリ袋に入れておけば安心です。雨の日はもちろんですが、調理中などは濡れた手で使うことも多いので、袋の中に手を入れれば、そのままペーパーをつかめて便利です。いつもキッチンで使っているものをいくつか持っていきましょう。

意外に知らない クーラーボックス 120％使いこなし術

食料品は冷やしてから保冷剤の下に置くと"冷蔵効率"がアップ

アウトドアの必需品ともいえるクーラーボックスですが、ただ冷やしたい物を入れておけばいいというものではありません。案外見落としがちなのが、入れる順番です。

冷たい空気は上から下に流れていくので、**食料品を先（底）に入れ、その上に氷や保冷剤を入れる**のが正しいやり方です。

また、ふたを開ける回数をできるだけ少なくするために、ドリンク類などの使用頻度の高いものは、取り出しやすいところに入れておくといいでしょう。

ついでに水抜きをまめにすると、いやなニオイも気になりません。

氷や
保冷剤を
上に入れる

冷たい空気は
下に流れる

下に
食料品を
入れる

飲み物専用のミニ・
クーラーボックスも便利

こんな技
やって
みました

飲み物はソフトクーラーに

　食料品とは別に、飲み物専用のクーラーボックスがあると便利です。ビールやジュースを取り出すたびにふたを開け閉めしていては、中の温度が上がってしまいます。肉や魚、乳製品は保冷力の高いハード・クーラーに、飲み物はミニ・クーラーやソフトクーラーに入れて使い分けるのが賢いキャンパーです。

カラになった
クーラーボックスの
賢い再利用法

濡れているタープなどをしまえば車内
が濡れない

キャンプが終われば、食材を入れておいたクーラーボックスの中はガラガラ状態になります。そこで、帰りは **"収納ボックス"として再利用しましょう。**

たとえば、まだ濡れているテントやタープなどはざっとたたんで押し込んでしまいます。これなら車内が水びたしになる心配もありません。濡れた衣服やタオル入れとしても重宝します。

ただし、いくら面倒だからといって箸やナイフ、コッヘルなどをそのまま放り込むと、内側の断熱材を傷つけて痛い目にあうこともあります。

ちなみに、道の駅などでゲットした新鮮な肉や魚などを入れれば、その晩のおかずとして最適ですね。

ただし
ナイフや
食器は
入れない

濡れている
テントや
タープなど

濡れた
衣服や
タオルなど

帰る途中で
買った
生鮮食品を
入れてもOK

収納ボックス
として再利用

裏ワザ レベルアップ 「トロ箱」の保冷力はバツグン

　魚市場で使われているのが、オール発泡スチロール製の「トロ箱」です。これはハードクーラーボックスの代わりになりますが、保冷力は折り紙つきです。しかも軽量で、あの"レトロ感"がたまりません。飲み物類は折り畳みができるソフトクーラーボックスに入れ、カラになればそのまま畳んで持ち帰れます。

最終日に残った
野菜や肉、魚を完ぺきに
使い切るメニュー

野菜が残ればポトフに、肉や魚が残れ
ば"ごった煮"が盛り上がる

　アウトドアでは、用意した食材は無駄なく全部使い
切って帰りたいものです。

　そこで、キャンプの最終日に野菜がたくさん残って
いたら、**ゴロゴロ野菜のポトフ**がオススメです。

　じゃがいもや人参、玉ねぎなどを食べやすい大きさ
に切って、コンソメの素や塩・コショウで煮込むだけ
なので手間もかかりません。ベーコンやソーセージが
入れば、味は格段にアップします。しかも、鍋が焦げ
る心配もありません。

　ちなみに、残った肉や魚、そのほかの食材をすべて
放り込んで、**味噌味仕立ての "ごった煮"** にすれば、
ワイルドな味が楽しめます。

最終日に
残った
食材は…

旨味
たっぷり

手間
いらず

肉や魚も
OK

荷物も
減る

食べやすい大きさに
切って、コンソメや
塩味で煮込むか、
味噌味仕立てに！

こんな技
やって
みました

万能ポトフの作り方

　キャンプ最終日の前日に、ポトフを作るという方法が
あります。多めに作ったポトフ（シンプルな塩がベスト）
を前日に食べ、最終日に残ったポトフにはカレールーを
入れてカレーライスにします。シチューの素を入れれば
シチューに、味噌を入れれば豚汁に、醤油味にして餅や
うどんを入れたりと、いろいろな味を楽しめます。

食材や食品はいつ、どこで手に入れるのがベスト？

キャンプ場に近い道の駅やスーパーで
新鮮で安い地のものを手に入れよう

せっかく遠出をしたのですから、食材の調達はその土地のものを使ってみましょう。

道の駅ならば、全国に 1200 もの駅がありますし、地元の市場や農産物直売所、スーパーには、**その土地ならではの食材や総菜**が盛りだくさんです。

しかも、**地ビール**や**地ワイン**なども豊富なので、自宅から持って行って荷物を増やすことはありません。

ちなみに、僕は海に行ったら海産物を、山のキャンプならふだん手に入らない山菜などを買い込みます。

なかでも絶対に手に入れたいのが、**ご当地発のインスタントラーメン**（袋麺）。だいたいの店には置いてあるので、鍋料理の〆はこれできまりです。

道の駅は全国に
1200か所ある

ついでに地ビールと
地ワインも買って…

見たことの
ない
野菜だね

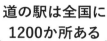

山なら
山菜

海なら
海産物

レベルアップ
裏ワザ ## 市場で魚や肉を丸ごと仕入れる

　ちょっと寄り道をして地元の市場に行けば、地元ならではの新鮮な食材が手に入ります。海の近くにある市場なら珍しい魚が丸ごと一匹で並んでいたり、牧場などに併設された店では、新鮮な乳製品や肉が塊で売られています。これを丸ごと焼いて食べれば、ちょっぴりぜいたくなディナーを楽しめます。

キャンプＱ＆Ａ②

　ウイスキーなど、お気に入りの蒸留酒を入れておくのが「スキットル」です。少し湾曲した独特のフォルムをしていますが、いったいなぜ、このカタチになったのでしょうか？

答え…ボトムスのヒップポケットに入れるため

　デニムのお尻のポケットに入れやすくするためのデザインです。腰回りのカーブにフィットすることで、取り出しやすくしたり、歩いたり座ったりしてもポケットから落ちづらくなっています。
　フラスクボトルとかヒップフラスコとも呼ばれ、チタンやステンレスなど、いろいろな材質があります。

3章

快適空間の
作り方

フリーサイトvs.
区画サイト、
どっちがいい？

自由と自然を満喫したいなら、だんぜんフリーサイトがいい

フリーサイトにするか、それとも区画サイトにするか──。どちらも一長一短がありますが、いつも悩んでいるなら、**フリーサイトがオススメ**です。

区画サイトは、駐車場のように「区画」が決められていて、予約もできるので、混雑時には確実にスペースを確保できます。ただし、すぐ隣りには"お隣さん"がいるので、少々窮屈さを感じることも。

一方のフリーサイトは、文字どおり、どこでも好きな場所にテントを張れますが、予約ができないキャンプ場もあるので、早い者勝ちになります。

そこは自然と自由を満喫しに来たわけですから、自宅を早朝に出るなどしてクリアしましょう。

空いていれば
好きな場所に
テントを張れる

予約で
スペースを確保
できる

区画
サイト

フリー
サイト

裏ワザ　サイト選びの注意ポイント5か条

　早起きしたおかげで、どうやらお気に入りのサイトをゲットできそうです。ただし、サイト選びで注意したい点が5つあります。①売店やトイレに近いところは避ける、②雨がたまりそうな場所はNG、③できれば、近くに木があると便利、④地面が凸凹していたり、石が多い場所は避ける、⑤河原はできれば避ける——です。

機能的な
テントサイトの
レイアウトとは？

タープを中心にしてテントやキッチンな
どを配置する

　キャンプ場に着いて、まずとりかかるのが設営です。
何回か経験をすれば自然と身につくものですが、テン
トサイトのレイアウトには鉄則があります。

　まず、中央にタープを張ったら、そのタープを取り
巻くようにして水場やキッチン、焚き火、テントを設
置していきます。

　また、車の乗り入れが可能なキャンプ場ならば、ター
プに対してバックで駐車します。

　ちなみに、タープは"リビング"の機能を持つので、
"家屋"である**テントと連結**するように設置します。
注意したいのは、キッチンや焚き火はタープから離れ
たところに置くことです。

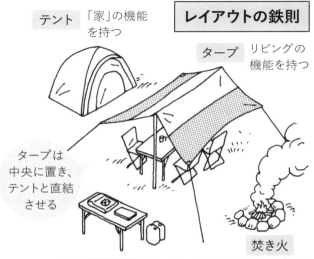

テント 「家」の機能を持つ

レイアウトの鉄則

タープ リビングの機能を持つ

タープは中央に置き、テントと直結させる

焚き火

キッチン・水場 キッチンや焚き火はタープから離れたところに置く

レベルアップ裏ワザ 色はこだわりを持って配色しよう

キャンプを始めたころは、「どうせあまり使わないし、安いのに越したことはない」という理由で、テントやタープ、イスやテーブルの色やデザインがバラバラになるケースは少なくありません。でも、おしゃれに、ゆったりと過ごすにはこだわりを持つべきです。色彩心理学の観点からも色の統一は有効なので、上手に配色をしたいものです。

狭いテントの中で「整理の達人」になるには?

幕内に沿って置くものを決めておけば
目をつぶっても届く

1人用のテントはかなり狭くできています。小さいとはいえ、この中で調理から食事、着替えなどすべてをこなすわけですから、整理整頓は必須です。

ソロキャンプなら、目をつぶっていても何がどこにあるのかわかりそうですが、**理想はコンパクトなレイアウトに徹する**こと。

傾斜が上になっているほうに枕を置き、寝床を真ん中にして、ギアは幕内に沿って並べていきます。頭の横にはスマホや懐中電灯、左手のあたりには水筒……と、キャンプに行くたびに定番の位置を決めておくと、ムダな動きをせずに、そのうち手を伸ばしただけで必要な道具を取ることができます。

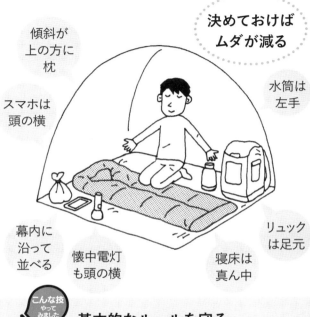

決めておけば
ムダが減る

傾斜が
上の方に
枕

スマホは
頭の横

水筒は
左手

幕内に
沿って
並べる

懐中電灯
も頭の横

寝床は
真ん中

リュック
は足元

こんな技
やって
みました

基本的なルールを守る

　テントの中は整理整頓が基本です。着替えをするとき
は順番を決めて全員が一度に入らないようにしたり、外
でできる作業はなるべく外でします。また、雨の日はテ
ント内の行動が多くなりますから、お互いに気をつけて、
濡れたものや汚れなどをテントの中に持ち込まないよう
にするのは、基本的なルールです。

デコボコしたサイトで
快適な寝心地を
確保するには？

> テントの下に茎の長い雑草を敷きつめ
> るだけで熟睡できる

　テントの中で寝たことのある人ならわかると思いますが、テントの下にある小さな石まで取り除いても、あのゴツゴツした感触が背中やお尻に伝わってきて、なかなか寝つけるものではありません。

　そこで、キャンプ地に着いたら、設営をする前に、**茎が長くて、枯れかかった雑草**を集めます。それをテントの下に隙間なく並べるようにして敷きます。

　そうすると、雑草が地面のデコボコをある程度埋めてくれて、テントのボトム生地も保護されるので、ふかふかの"マットレス"ができあがります。

　これがあるのとないのとでは大違い。朝の目覚めもだんぜん違います。

自然に囲まれて熟睡を
してみたい…

石で
ゴツゴツ
していても…

**枯れかかった雑草が
マットレスに
なってくれる**

裏ワザ　出入り口は 風下に向ける

レベル
アップ

　テントを設営するときは、風向きに注意しましょう。大切なのは、出入り口を必ず風下に向けること。そうしないと、そこからすきま風がスースー入ってきますし、突風にあおられてテントが吹き飛ばされた、なんてことになったら目もあてられません。なお、タープはテントの入口にかかるように張るのが基本です。

地面がデコボコしていてもガタつかないテーブル設営方法

テーブルの脚にカップをはめて半分くらい埋めるだけ

　河原や砂地でテーブルを固定するのは案外むずかしいものです。料理を並べていざ座ったらテーブルがガタガタして、コップに注いだビールやジュースがこぼれてしまったりしたら興ざめです。

　そこで登場するのが4つのカップです。**ぐらつくテーブルの脚にマグカップやタンブラーなどをかませて土の中に半分程度を埋め**、テーブルが水平になるように調節します。

　こうすると、地面に接する面積が広くなり、しかもカップの半分が埋まっているので安定感はバツグンです。これでもう、食事の途中でイライラすることはありません。

テーブルの
足をピッタリ
固定できる

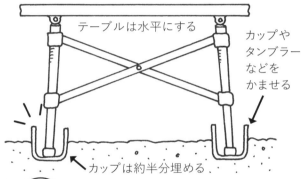

テーブルは水平にする

カップや
タンブラー
などを
かませる

カップは約半分埋める

裏ワザ　飲み終わった空き缶でもOK

　カップがなかったときは、飲み終わった缶ビールの空き缶や、500ミリリットルのペットボトルでも代用できます。缶の上ぶたや、ペットボトルの上半分を切り取ったりする手間がかかりますが、安定感はお墨つきです。廃品利用にもなって一挙両得です。あるいは、石を使って高さを調節してもいいでしょう。

寒さ対策のアイテムで あこがれのハンモックが できる

ロープと毛布だけでハンドメイドのお
手軽ハンモックが作れる

　何もしないで木陰でのんびりお昼寝……というのも
アウトドアの楽しみのひとつ。誰でも一度は木立の中
で揺れるハンモックにあこがれたことがあるはずです。

　そこで、**お手軽ハンモック**を作る裏技です。**毛布**の
両端を 20 センチくらい折り返して、その中に頑丈な
枝を通します。

　折り返して二重になった部分の裏側から数か所に小
石を入れ、表側の小石が盛り上がった個所を、しっか
りとヒモかロープで結んで固定します。

　そして、枝の両端をロープで結んで太い木に渡せば
完成です。キャンプの持ち物だけで作れるので、荷物
も増えません。

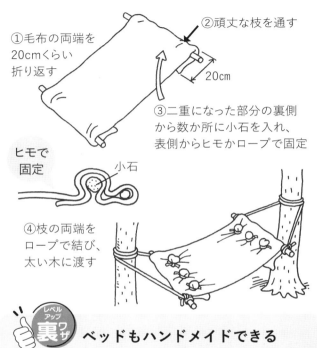

①毛布の両端を
20cmくらい
折り返す

②頑丈な枝を通す

20cm

③二重になった部分の裏側
から数か所に小石を入れ、
表側からヒモかロープで固定

ヒモで
固定

小石

④枝の両端を
ロープで結び、
太い木に渡す

裏ワザ　ベッドもハンドメイドできる

レベル
アップ

　自分の身長より長い2本の丈夫な枝を探します。肩幅
程度に間をあけたら、そこに毛布をグルグルと巻けば簡
易ベッドのできあがり。どこも固定していないので不安
定かと思いきや、横になってしまえば、自分の体重で毛
布に圧力がかかり、ずれることがありません。昼寝はも
ちろん、緊急時には担架代わりになります。

キャンプや登山で必須！
ロープワークの
達人になるには

> 3つの結び方をマスターすれば、たいていはカバーできる

　ロープワークは奥が深く、扱い方や結び方の種類は無限にあります。もし、その場でサラッとこなす人がいれば、それだけで尊敬の眼差しが向けられること請け合いです。

　キャンプ生活では最低3種類を覚えておけば、たいていのことはカバーできます。

・**ふた結び**…結ぶのも解くのも簡単で、立ち木に結んだり、テントやタープの設営時に役立つ

・**テグス結び**…ロープの長さが足りないときに、末端同士を結んだり、複数のロープも結べる

・**もやい結び**…使い勝手がよく、大きな力にも耐えられるので、人命救助にも応用できる

ふた結び

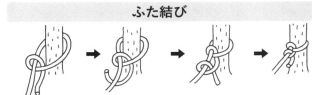

テグス結び

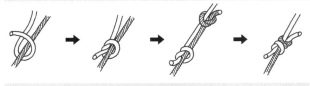

もやい結び

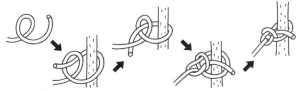

ロープの収納法

　まず、大きめの輪にして巻き取り、最後の"シッポ"で
ロープの束をキュッと縛っておけば OK です。ロープ同
士がからまないし、持ち運びもラクラク。結び目も解き
やすいのですぐに使えます。

お玉やターナーなどを1か所に集めて整理するには？

ゴムベルトを木に巻きつけてカトラリーラックを作る

料理をするときに、使うたびにあちこちにいってしまい、つい探してしまうのが、お玉やターナー、コッヘル、へら、箸などです。どうにかして目立つところに、できれば一か所にまとめたいものですが、そんなときこそ**お手製のカトラリーラック**の出番です。

100円ショップで売っているゴムベルトを木に巻きつけたら、そのベルトにS字フックを引っかけます。お玉やへらなどは、そのフックに引っかけるだけできれいに整理できます。

ベルトは連結もできるので、太い木でも巻きつけられます。もちろん、キッチン用品以外でも何でもぶら下げられます。

**お手製
カトラリーラック
を作ろう**

①ゴムベルトを
木に巻きつける

ゴムベルトの
代わりに
ロープや
木のツルも
使える

②S字フック
をかける

こんな技
やって
みました

２本の木にロープを張って干す

　洗濯物や濡れた服、ふきんなどを乾かしたいときは、
木と木にロープを張って"物干しロープ"にします。そ
の際、結び方や、締め上げたスリングにカラビナをかけ
てロープを通して…といったプロ級のワザがありますが、
１泊２日程度のキャンプなら団子結びで十分。あとは、
タープを張るロープに引っかけるだけでもＯＫです。

落ちている釘で
切れ味のいい
小型ナイフを作る

硬い石で根気よく叩いて薄くのばすだけで即席ナイフができる!

　食材を切ったり、枝を切る、ひもやロープを切るなど、アウトドアシーンにおいてナイフはなくてはならないアイテムです。

　でも、万が一忘れてしまっても、あきらめることはありません。なければ作ってしまえばいいのです。

　周囲に大きめの釘が落ちていたらしめたもの。硬い石で根気よく打ちつけて薄くのばせば、**超小型ナイフ**に変身します。**小さくても切れ味は十分**です。

　ほかにも、空き缶のふたやガラスの破片など、そのままでもナイフ代わりになるものは多いので探してみましょう。ちなみに、その場合は石で切り口を整えることがポイントです。

ナイフを忘れて しまったときの裏技

大きめのクギを
硬い石に打ちつけ、
薄くのばせば
ナイフに変身する

大きめの釘

竹を石で
削ってもOK

こんな技 やって みました

竹は万能、使い道いろいろ

　ナイフを忘れたときは竹も重宝します。竹を斜めにカットし、石にこすりつけて断面を研げば、たいていのものは切ることができます。しかも、細かく裂けば箸代わりにもなり、縦に半分に割れば食器、筒状のまま片方の節を残せば水筒やコップにもなります。道具を手作りするのもアウトドアの楽しみです。

蚊取り線香や
虫よけスプレーを
うっかり忘れたら？

> よもぎやスギの葉をそのまま焚き火に
> くべれば虫は寄ってこない

あわただしく自宅を出てきたので、蚊取り線香や虫よけスプレーを忘れた、なんてことはありませんか。でも、虫対策をしないとせっかくのディナーも台無しです。

そこで、キャンプ場に生えている木や草を使って虫を退治しましょう。

たとえば、**よもぎの葉**や、**スギやマツの青葉**、**カヤの木**を見つけたら、それらをそのまま焚き火にくべるだけです。いぶした煙で蚊や虫を追い払うのです。

このやり方は、蚊取り線香が発明される平安時代から大正期までの蚊遣り火という日本の生活習慣で、実績は折り紙つきです。

葉や木で
作れる
天然の虫除け

スギの
青葉

マツの
青葉

カヤの
木

いぶした煙で
蚊や虫を追い
払える

なんでそうなるの　虫が嫌う成分チネオール

よもぎには虫が嫌がるチネオールという成分が入っています。そのため、古くからよもぎは虫除けのために田畑の脇に植えられたり、乾燥させて米びつの中に入れられたりしていました。よもぎのほかにも、みかんなどの柑橘類の皮を乾燥させたものをいぶしても効果あり。昔の人の生活の知恵ですね。

123

テントの中で「ちょっと寒い」と感じたら…

簡易の湯たんぽを作ったり、アルミシートを2枚重ねにする

真夏のシーズンを除いて、春や秋のキャンプ場は（夕方以降は）思いのほか冷え込みます。でも、ガマンは禁物です。人の体は、一度体温が下がるとなかなか元に戻すことができません。

ミニカイロなどがないときは、湯たんぽを作ってみてはどうでしょう。**プラスチック製の水筒や、ペットボトルにお湯を入れるだけですが、**火傷をしないようにタオルなどで巻いておくといいでしょう。

また、テント内では寝袋（シュラフ）とアルミシートの間に毛布を敷いて寝ると温かさがアップします。アルミシートを2枚重ねにしてもいいでしょう。寝袋のところどころにミニカイロを貼っても OK です。

①ペットボトルに
お湯を入れる

カイロなどが
ないときに
体温を保つ
方法

②やけどを
しないように
タオルで巻く

プラスチック
製の水筒
でもOK

こんな技
やって
みました

はんてんは最強の防寒着

　僕は、春や秋口には自宅で着ている「はんてん」を持っ
ていきます。このはんてんを羽織って、足を湯たんぽな
どで温めれば百人力です。妻は妻で、"毛布寝間着"とい
うか、手作りの毛布パジャマを着て過ごします。もちろん、
テントから出ても着たままですから、2人でいると目立
ちます。でも、防寒着としては最強です。

カラフルな照明で
夜のキャンプサイトを
演出する

自宅から持ってきた素焼きの植木鉢や
ガーデンライトを流用する

ランタンにもいろいろな種類がありますが、キャンプサイトの灯りをムード満点にしたいと思ったら、ガーデン用のソーラーライトがオススメです。

たとえば、**素焼きの植木鉢**をひっくり返して、排水用の穴に差し込んでテーブルに置けば、スタンドライトに変身します。あるいは、自宅の庭に刺してある**ガーデンライト**をそのまま持参して、キャンプ場の地面に刺すという方法もあります。

また、100円ショップやホームセンターでは、キーホルダーのようなLEDライトや、小さな置石のようなライトも売られています。アイデアしだいで、素敵なキャンプの夜を演出できます。

ムード満点の夜に
したいなら…

植木鉢をひっくり返した
排水用の穴にガーデン
ライトを差し込む

ガーデンライトは
そのまま
テントサイトに
刺してもいい

こんな技
やって
みました

足元を照らすコンパクトライト

夜にトイレに行ったり、炊事場に行くときにあると便利なのが、手元や足元を照らせる持ち運び可能なコンパクトなライトです。僕は、近くのホームセンターで買ってきた980円のぶら下げるタイプの白昼色（電池式）のランタンを2つ持っていきますが、テントの中でも十分な明るさを保ってくれます。

次のキャンプに備える 効率重視の 撤収のしかた

寝る前と起床後に分けて、使わないものから順に片づける

　楽しいキャンプはあっという間に過ぎてしまいます。でも、また来ることを考えれば撤収は大切な作業です。

　撤収は、**使わないものから順番に片づける**のが鉄則。帰る日の前の晩と、次の日の朝、起きたあとに分けると効率的です。

　就寝前は、夜露や雨のことを考えて、濡れたら困るものはテントの中に入れておきます。食材も動物に狙われないようにクーラーボックスの中に入れたり、食器類は食べ終わったらすぐに洗いましょう。

　そして翌朝は、テントを乾かしたらすぐにしまいます。寝袋も同様に乾かし、タープは雨に降られることを考えて最後にしまいます。

帰る日の
前の晩

食器は使用後
すぐに洗う

濡れたら困る
ものをテント内
に入れる

食材はクーラー
ボックスに

翌朝
起きたら

テントや寝袋
を乾かす

タープをしまう
のは最後

レベルアップ 裏ワザ 超速で片付けてコーヒーを飲む？

　たまに、超速で片づけるキャンパーがいます。彼らは
基本的に道具が少なく、小物は何でもかんでもスーパー
の買い物かごの中に放り込みます。テントやタープのた
たみ方もざっくりだし、とにかく時間をかけません。そ
してチェックアウトまで優雅にコーヒーを飲むわけです。
このような方法を参考にしてもいいかもしれません。

自宅でできる
次に備える
メンテナンス術とは？

ガスカートリッジなどの消耗品は早めに補充を

　キャンプが終わって、自宅に帰ったときは、疲れもあってすぐに眠りたくなります。気持ちはわかりますが、次のキャンプのことを考えて、道具のメンテナンスはしっかりとやっておきたいものです。

　たとえば、テントのポールには潤滑剤を塗布しておきます。キャンプ場でいざテントを張ろうと思ったら、ポールが抜けなかったということがよくあるからです。

　それから、テントやタープに**防水スプレー**をかけておいたり、寝袋（シュラフ）は陰干ししてから通気性のいい大き目の袋にしまいます。

　また、ガスカートリッジなどの**消耗品は残量をチェック**して、早めに補充をしておきましょう。

ポール

継ぎ目に
潤滑剤を塗る

テント・タープ

防水スプレーを
かける

シュラフ

陰干しの
後は
大きめの
袋に
入れて
しまう

ガスカートリッジ

残量を
チェック
しておく

補充は
早めに！

 バーナーはバイキングにも重宝

　僕は、バーナーはちょっとしたハイキングにも必ずザックの中に入れていきます。それでお湯を沸かしてコーヒーを飲むからです。もちろん帰ってきたら、メンテナンスは忘れません。ヘッド部分に付着した汚れを柔らかな真鍮のブラシでやさしく除去してやります。おかげで、20年前の一品ですが、いまも現役です。

車に積んだ荷物が
暴れないように
するには

荷物と荷物の間にタオルや衣類などを
挟んで固定する

車で走っていると、道路の状態によってはギシギシ、ガタガタと異音がしたり、積み込んだ荷物が上下左右に動いたりすることがよくあります。

そんなときは、荷物を全部出して積み直すのは面倒なので、タオルや着替え用の衣類などを使って荷物をがっちりと固定しましょう。

用意するのは、**タオル**や**衣類**、それからテントで使う**銀マット**です。小さなスキマにはタオルを差し込んだり、荷物と荷物の間に空間ができていれば、衣類を丸めて入れたり、バックごと押し込んでもOK。

ふだんからバスタオルなどを2〜3枚積み込んでおくと、車がスタックしたときなどに使えて便利です。

荷物をタオルや
衣類で包むと
荷物がガタガタ
しなくなる

銀マットは
スキマの大きさに
合わせて
折りたたんで
厚さを調整
できる

**タオルやマットなど
やわらかいものを
利用する**

タオル

タオル

レベル
アップ
裏ワザ

できればリアには積み込まない

　ステーションワゴンタイプの車に荷物を積む場合は、できるだけリアとリアサイドウィンドウにあたる部分まで荷物を積み上げないことが肝心です。伸縮性の高いゴムロープや、タイダウンベルトなどでしっかり固定したつもりでも、荷崩れによってウィンドウを傷つけたり破損することがあります。

車のデッドスペースを
有効活用する裏技

> リアバンパーに板をのせるだけでL字
> 型キッチンができる

　キャンプで一番頭を悩ますもののひとつが、設営です。なかでも、キッチンをどこにするかは悩みどころです。

　ミニバンやワンボックス、クルーザーなら、**リアゲート**を上に開けたままにして、大きく出張った**バンパーの上**に板をのせるだけでL字型のキッチンスペースがあっという間にできます。

　クーラーボックスや調味料などは、車内の荷物スペースの手前に置けばすぐに手が届きます。

　ミニバンや軽ワゴン対応のタープもいろいろ売られていますが、テラス用のサンシェードを流用するとおしゃれです。

即席L字型キッチン

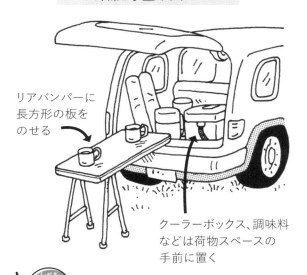

リアバンパーに
長方形の板を
のせる

クーラーボックス、調味料
などは荷物スペースの
手前に置く

レベルアップ裏ワザ　車載の基本は「重いものが下」

　出発前に意外に手間がかかるのが、車へ荷物を載せることです。これにはコツがありますが、回数を重ねるうちに学習するものです。基本は重いものを下にし、テーブルやいすなどの薄いギアはタテにしてはさみます。キッチン用具などの小道具はコンテナに収納し、最後にクーラーボックスを一番手前に置きます。

裏技
61

海の近くに駐車する
ときの愛車の向きは？

車のテールを海側に向けて駐車するの
が鉄則

　渋滞を抜けてやっとのことで海に到着すると、目の前には一面の大海原が広がります。

　頭の中は、一刻も早く海に入りたいことばかりで、車は駐車場に停められただけでラッキーと考えていませんか。

　しかし、愛車のことを考えたら、海岸沿いの駐車場に車を停めるときは、潮風の影響を考慮して、**車のテールは必ず海側に向けます**。

　反対に、フロント側を海側に向けてしまうと、エンジンやバッテリーが、フロントグリルやボンネットなどの隙間から入ってくる塩分を浴びてしまい、支障をきたす恐れがあるからです。

車のテールを
海側に向ける！

塩分に
要注意

エンジンや
バッテリーを
潮風から守る

スギやマツの木の下もNG

　海に限らず、停めた車の上にスギやマツの木が茂って
いる場合がありますが、これも極力、避けるようにしま
しょう。どの木にも樹液はありますが、スギとマツの樹
液には強い粘着性があって、一度ついてしまったらこび
りついてなかなか取れません。はじめは透明で気がつき
にくいのですが、あとで黒い斑点となります。

海風で愛車が
ベトついてしまったら？

その場で真水をかけておくだけでもサ
ビを防げる

　海でキャンプを存分に楽しんだあとは、体がベタつ
くように車もかなりベタついています。それは、海風
には大量の塩分や、目に見えない砂などが混ざってい
るからです。

　乾いたフロントガラスなどにこびりついた塩や汚れ
は、ワイパーを傷めるうえ、ボディに塩がついたまま
にしておくと、サビてしまったりします。

　フロントガラスは、**その場でウォッシャー液で洗い
流し**、ボディは家に帰ったらすぐにホースの水で洗い
ましょう。

　ちなみに、**浜辺でバケツ1杯程度の水（真水）をか
けておくだけでもかなり違います。**

海風には
大量の塩分が
含まれている

その場でバケツ1杯の
真水をかけておけば
サビつかない

早めに対応すれば
車は傷まない

 カバーをかける前には汚れを取る

　万が一、車がサビてしまった場合は、日が浅いうちに市販のサビ取り剤で落としましょう。予防効果のあるサビ止め剤も売られているので、海へ行く前にあらかじめ塗っておくと効果的です。また、カバーをかけるときは、車体の汚れをきれいに取り除いておかないと、風によるカバーとの摩擦で、ボディに傷がつくことがあります。

積載量が少ない バイクキャンプに タープは必要？

> タープの下にバイクを置けば、雨風から愛車を守ってくれる

　そもそもバイクキャンプにタープが必要かという人もいますが、たしかに荷物にはなりますが、結論からいえば**必須**です。その理由は4つあります。
①愛車を悪天候から守ってくれたり、浜辺であれば潮風よけになる、②直射日光がバイクに当たらないので、劣化を防いでくれる、③テントの中に入りきらないギアを置けば雨に濡れないし、タープの下で作業ができるなどですが、一番の利点は、④**愛車を自分の近くに置いておける**ことです。

　いつも自宅で使っているバイクカバーを持って行くという手もあるのですが、経験から言うと、見栄えは保証できません。

いつでも
バイクを
いじれる

愛車と
一緒に
いられる

直射日光が
バイクに
当たらない

悪天候から
守ってくれる

レベルアップ 裏ワザ　安くて使い勝手のいい3脚チェア

　バイクキャンプにぜひとも持っていきたいのが、折り
たたみ式の三角チェアです。意外と頑丈にできていて、
100円や300円ショップでも探せばあります。高さがな
いので、夜はテントの中に入れて物置としても利用でき
ます。バイクに積んでも荷物にならないし、ツーリング
中の休憩にも使えるすぐれものです。

キャンプQ＆A③

たとえ1泊のキャンプでも、睡眠の質を確保することは大切です。では、お金をかけずに、キャンプに持っていきたい、ぐっすりと眠るための快眠グッズとは何でしょうか。

A　枕
B　マフラー
C　耳栓
D　アイマスク
E　ミニ扇風機

答え…A の枕

何といっても枕です。眠れない人はふだん使っている枕でも OK ですが、それでは荷物がひとつ増えてしまいます。そこで、多くのキャンパーが実践しているのが、寝袋（シュラフ）の中にタオルや着替え、着ていたダウンジャケットなどを入れて枕の代用にすること。中に詰めるものによって高さも調整もできます。まさに簡易の安眠枕の完成です。

4章

野外
アクティビティ

釣り竿がなくても
イワナやヤマメを
簡単にゲットする裏技

ペットボトルで仕掛けを作り、魚が入る
のをじっと待つ

テントの設営がすんだら、近くの小川に行って釣り
糸を垂れるのも楽しいものですが、竿がなくても誰で
も簡単な"釣り"ができます。**ペットボトルを利用し
た簡易な仕掛け**を作って、魚が入ってくるのを待つの
です。

まず、ペットボトルの飲み口と上の部分を切り取り、
おわん型になったものを向きを反対にしてペットボト
ルの本体に差し込み、ひもでくくります。

次に、本体の側面に穴を開け、持ち上げやすいよう
にひもをつけたら、中におもりとエサを入れれば完成
です。川遊びをしながら今晩のおかずがゲットできる
かもしれません。

①ペットボトルの飲み口と上部分を切って反対の向きに差し込む

釣果ゼロかも
というときは…

②ひもでくくり、
側面に穴を開ける

③中におもりとエサを入れる

**なんで
そうなるの**

魚は障害物のあるところに潜む

　ポイントは、ワナをしかける場所です。イワナやヤマメは、水流が変化するところや、障害物のあるところに潜んでいることが多い川魚です。水が流れ落ちて白泡がたっている脇のスポットや、岩や流木のまわりをねらってしかけると、中に入った魚はペットボトルの角度が"カエシ"のようになるので、外に出られません。

小さな子供でも
素手で魚を捕まえられる

手で水中に影を作り、魚が迷い込むの
を待つ

水遊びのついでに、子供たちと一緒に試してみる価値があるのが、手で魚を捕まえる方法です。

バレーボールでトスをするときのように両手を広げ、そのまま水中に沈めます。このとき、小指の側だけをしっかり川底につけて、**手のひらの下に影を作るようにします。**

魚は暗がりに入り込む習性があるので、広げた手の下に魚が迷い込んできたら、そのままわしづかみにすればいいのです。

川岸の草が生い茂っているあたりが絶好のポイントです。エサがなくてもOKです。大漁とはいきませんが、素手で魚を捕まえるのはダイナミックです。

**誰でもできる
かんたん
フィッシング**

①手の下に影を作る

手は
バレーの
トスの形

②両手を広げ、水中に
沈め、小指側だけを川
底につける

手で魚を
つかめる!

 石で囲って閉じ込めてもOK

　川の浅瀬で魚が群がっているところがあったとしても、手を入れたところでなかなか捕まえることはできません。それよりも、大きめの石で囲いを作って、魚を閉じ込めてしまうのもひとつの方法です。魚と遊んだあとは、囲いをほどいて逃してあげれば、むやみに魚を傷つけなくてすみます。

いちいち
穴を掘らなくても
貝をゲットする方法

> マテ貝なら塩をふりかけるだけで飛び
> 出してくる

　海辺のアウトドアの定番といえば潮干狩り。シーズンともなれば砂浜にはシャベルを持った人があとをたたず、ゲットできればバーベキューの食材もバラエティ豊かになります。

　もし、浜辺を掘り返す道具がなかったら、調理用の塩を持って浜へ出ましょう。小さな穴を見つけたら、そこには貝がいる可能性大。**塩をひとつまみ**穴に入れれば、細長いマテ貝が勢いよく飛び出してきます。

　マテ貝は、塩ゆでにしたり、醤油バター炒め、酒蒸しなど調理法も多彩です。見た目は木の棒に似ていて独特ですが、味はアサリよりも少し濃厚で、クセがありません。貝好きな人にとってはハマる味です。

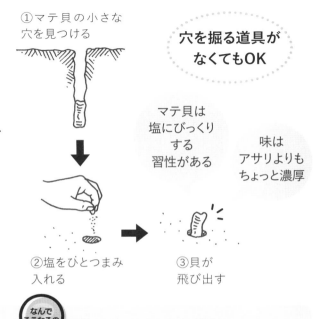

①マテ貝の小さな
穴を見つける

**穴を掘る道具が
なくてもOK**

マテ貝は
塩にびっくり
する
習性がある

味は
アサリよりも
ちょっと濃厚

②塩をひとつまみ
入れる

③貝が
飛び出す

**なんで
そうなるの**

塩にびっくりする習性

　塩をかけるとマテ貝が飛び出してくるのは、一説によると、マテ貝の泳ぎ方に関係があるようです。縦長の二枚貝であるマテ貝は、海中を移動するときにジェット噴射と同じ要領で泳ぐといわれています。この不思議な習性を利用して、塩でびっくりさせて垂直に飛び出させるやり方は、江戸時代にはすでにおこなわれていたそうです。

落ちている松ぼっくりをペットボトルに入れるには？

松ぼっくりは水に浸けたら閉じて、乾くと開くことを利用する

　山にキャンプに行くと、そこらじゅうに転がっているのが松ぼっくり（松かさ）です。その松ぼっくりを使った、ふしぎな科学工作です。

　まず、茶色の松ぼっくりを拾ったら、水を入れた空き缶などに入れます。しばらくすると松かさが閉じてくるので、ペットボトルやビンの中に入れます。そのままキャンプサイトに置いて乾燥させると、今度は松かさがパカリと開いてきます。

　これは、松ぼっくりが鱗片（ウロコ）の間にある種を遠くに飛ばすために、**雨の日には鱗片を閉じて種を守り、晴れると開く**という性質を利用しています。リビングに置いておくだけでもおしゃれなオブジェです。

ふしぎな
科学工作

①松ぼっくりを水に浸ける

松かさが
閉じて
くる

②松かさの
閉じた状態で
ペットボトルや
ビンの中に入れる

③乾くと元どおり

飲み口より
大きな
松ぼっくりが
入っている！

なんで
そうなるの

松ぼっくりは天然の着火剤

　季節を問わず見つけることができる松ぼっくりは、天然の着火剤として使えます。マツヤニがたっぷりと含まれているので、火がつきやすく、燃えやすいのが特徴です。傘が開いて、よく乾燥した松ぼっくりを5〜6個集めたら、あとはマッチ1本で火がつきます。その上に細い枝を乗せて火を大きくしていきます。

裏技 68

針金ハンガーは
野外生活で大活躍する

> 自在に形を変えてやればいろいろなモ
> ノを吊るせる

　日常生活の知恵は、野外でもそのまま役立ちます。クリーニング店でもらう**針金のハンガー**などは、アウトドアシーンでもフル活用できるアイテムの代表選手です。

　まず、左右の肩の先端を上のほうに向ければ、シューズハンガーになります。これなら濡れた靴をがまんして履かずにすみます。また、イラストのように、肩の両端を少し内側に折り曲げれば、トイレットペーパーホルダーに変身します。

　加工がしやすい"ギア"のひとつなので、トイレ以外にもテントの中や炊事場に設置しておくと何かと便利です。

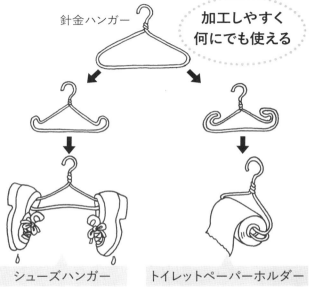

針金ハンガー

加工しやすく
何にでも使える

シューズハンガー　　　　　トイレットペーパーホルダー

針金ランタンホルダーを作る

　ペンチを使って小技をきかせれば、ランタンホルダーにもなります。ハンガーの肩の先端を輪にしてポールに通す穴を作ったら、それをテントやタープのポールに通します。そしてもう一方の"フック"にランタンを下げて固定すれば、虫集め用のライトに最適です。簡単に形を変えられるので、1本あればいろいろと使い回せます。

ノコギリがなくても
オノが1本あれば
製材できる

柾目と板目の特性を活かせば削るだけで板ができる

せっかくのキャンプですから、木を利用して家具や遊び道具を作ってみてはどうでしょう。ノコギリがなくても、オノがあれば簡単に製材できる裏ワザを紹介しましょう。

木には、柾目と板目の2種類の木目があります。柾目は、木の中心を切ったときに表面に現れる木目で、板目は中心からずらして切ったときに現われる、タケノコ形の山が重なったような模様が特徴です。

柾目板を作るときはクサビが必要になりますが、**板目板ならオノで切れ目を入れて削り取るだけ**です。ヒノキなどの木は家屋の建築によく使われますが、小さな家具ならカシやナラ、ケヤキなどが向いています。

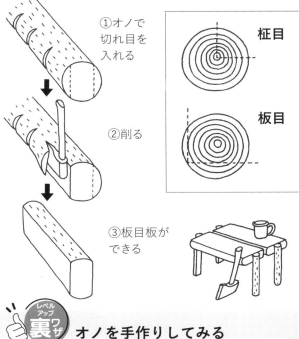

①オノで
切れ目を
入れる

柾目

板目

②削る

③板目板が
できる

レベルアップ裏ワザ　オノを手作りしてみる

　より野性的に過ごすなら、オノを手作りしてみるのも
また一興。割ったときにしま模様または波模様がある板
状の石を選んだら、石でコツコツと縁辺を打ち欠いて刃
を作ります。それを、太めの枝にヒモや木の皮でくくり
つければ完成です。よく教科書に書かれている、縄文時
代の打製石器を作るときのやり方です。

メジャーがなくても
モノの長さが測れる

キャンプにはいていくズボンのベルト
に目盛りをつけておく

　必ずしも必要でないからといって準備を怠ると、やっぱり持ってくればよかったと後悔するのがメジャーです。

　野外生活ではいろいろな作業が待ち受けていますが、釣った魚の大きさを測ったり、簡単な木工作業をするときなど、メジャーの出番は意外と多いものです。ただ、メジャーがなくても、**要はある程度の長さがあって、目盛りがついていればいい**わけです。

　そこで、いつも身につけていて、うってつけのモノといえばベルトです。あらかじめ、裏側に５センチ程度の間隔で印をつけておきましょう。必要なときにサッと引き抜いて使えるし、忘れることもありません。

必ず持っていくもの に書いておけばOK

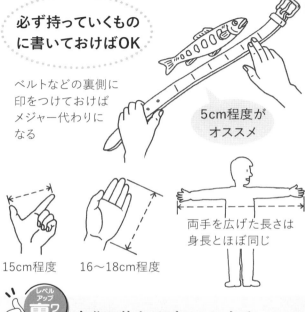

ベルトなどの裏側に
印をつけておけば
メジャー代わりに
なる

5cm程度が
オススメ

15cm程度　16〜18cm程度

両手を広げた長さは
身長とほぼ同じ

レベルアップ 裏ワザ　自分の体もメジャーになる

　両手を水平に広げた長さは、自分の身長とほぼ同じといわれます。この要領で、自分の体のサイズを覚えておいて、メジャー代わりにすると役立ちます。たとえば、手首から中指の先までの長さや、親指と人差し指を目いっぱい広げたときの長さ、歩幅などを知っておけば、おおよその距離を測れます。

キャンプ場で
シャワー気分を味わう

ペットボトルの口をシャワーキャップに
変えれば手作りシャワーになる

「キャンプなんだから1日くらいお風呂に入らなくても大丈夫」とやせ我慢をしつつも、できれば、かいた汗をスッキリと流して快適に眠りたいものです。

そこで、手作りのペットボトル・シャワーの出番です。

市販されている**シャワーキャップ**をペットボトルの口にはめ込むだけです。ペットボトルを逆さまにすれば、シャワー状の水が出てきます。

少々、水圧が弱いのと、1回あたりの水量が少ないのが難点ですが、汗を流すくらいなら何とかなってしまいます。

これをひとつ用意しておけば、さっと足を洗ったり、食器洗いなどにも使えます。

ペットボトルの口に
シャワーキャップを
はめ込む

自家製
ペットボトル
シャワー

足を洗ったり
食器を洗ったりも
できる

レベルアップ 裏ワザ　ポリタンク・シャワーは大容量

　もう少し水に勢いのあるシャワーを使いたいときは、灯油を入れるポリタンクを用意して、注ぎ口に水撒き用のシャワーホースを取りつけます。このタンクに水を入れて木の上や車の屋根の上に置けば、水量が多いので全身くまなく洗うことができます。ただし、タンクが重くなっているので、落下しないよう固定してください。

子供の体の冷えと
ケガを防ぐ
海遊びのスタイル

軍手に長袖Tシャツ、運動靴なら鬼に
金棒

　海水浴場などでも、防波堤の近くや岩場があれば、そこにはカニや小魚などが泳いでいて、さながら小さな水族館になっています。

　ただ、つい夢中になって海の中に入っていると、口唇が紫色になり、急に体が冷え切ってブルブル震えてしまうことがありませんか。

　そうなる前に**長袖のTシャツ**を着て、**軍手**をすると、冷え込みの防止になります。**古い運動靴**をはけば、ケガの防止にもなります。また、波に押されて岩場にぶつかったときのケガ防止にも役立ちます。

　とくに子供は、本人も気づかないうちに体が冷え切ってしまうことが多いので、気をつけてあげましょう。

海に夢中の子供は
自分の体温など
気にしない

**体が冷えて
しまう前に…**

長袖の
Tシャツ

軍手

古い
運動靴

古い運動靴は
ケガの防止にもなる

**こんな技
やって
みました**

汚れた靴がきれいになる？

　海に行くときは、我が家ではビーチサンダルのほかに子供たちの汚れた運動靴も持っていきます。子供は岩場の潮溜まりになっているところで遊ぶのが大好きなので、そのときに汚れた靴をはかせています。ケガの防止はもちろんですが、泥で汚れていた靴がけっこうきれいになってくれるので一石二鳥です。

子連れでも
子供用の寝袋を買わずに
すませる節約技

大人のダウンジャケットのすそから入
れば立派な寝袋になる

　キャンプでは、たいていは子供も大人と同じものを
使えますが、困ってしまうのが寝袋です。子供用を購
入すると想像以上に高くつくうえ、大きくなったらす
ぐ不要になってしまいます。

　そんなときは、**大人用のダウンジャケット**を持って
いきましょう。イラストのように、逆さま（すそから
足を入れる）に入れば、立派な温かい"羽毛布団"に
なります。小さな子供ならこれで十分だし、ロングタ
イプのダウンなら小学生くらいでも対応できます。

　コツは、両袖をロープやヒモなどで縛っておくこと。
そうしないと、袖から隙間風が入ってきて寒い思いを
してしまいます。

子供用の寝袋は
大人のダウン
ジャケットでOK

袖口などは
ロープで縛る

裏ワザ （レベルアップ）　より暖かくするには2枚重ねで

　寒さが心配なら、ダウンジャケットを2枚重ね合わせる方法もあります。袖口をロープなどで縛って冷気が入るのを防いだら、まず、すそから体を入れます。首まで入ったら、もう1枚のほうを上から着させて、顔が出せるようにします。2枚重ねなら保温効果はかなりのもの。幼児でも安心です。

野原で即興の
ボウリング大会を
開催するには？

ペットボトルのピンを立ててサッカー
ボールを当てる

　家族で公園などに遊びに行くときに、必ず持っていくもののひとつにサッカーボールがあります。このボールを使って、ボウリング大会を開いてみませんか。

　草地や芝があるところなら、ピンさえあればどこでも簡単にできます。

　そのピンには、飲み終わった空き缶やペットボトルを使いますが、よりリアル感を求めるならば、**500ミリリットルのボトル**がオススメです。その**中に水を少し入れて並べれば**、立派なピンになります。

　ピンの置き方や、投げる位置などを変えたりすれば、小さい子供たちでも楽しめます。ボールは、フットサルでもバスケットのボールでもOKです。

ボウリング大会
IN野原

①ペットボトルに
水を少し入れて
ピンを作る

②ピンの置き方や
投げる位置を変えると、
小さな子供でも
楽しめる

こんな技
やって
みました

サッカーボールで
ビーチフラッグスができる

　せっかくサッカーボールがあるのなら、小枝にお手製のフラッグを取りつけて"ビーチフラッグス"はどうでしょう。ただし、手でフラッグを取り合うのではなく、ボールを蹴ってフラッグに当てるのです。浮き玉でもいいし、ゴロでも当たれば点数が入ります。

自分たちの"陣地"に立てる目印を作る

ペットボトルと針金ハンガーで風車を作る

　自分たちのサイトに、旗や小さなこいのぼりを立てているグループがいますが、ペットボトルで風車を作るのもまた一興です。

　もちろん、道具は特別に必要ありません。持ってきたキャンプの道具や用具を使えばすぐできます。

　まず、ペグなどの尖ったもので、**ペットボトル**のふたと底に穴を開けます。次に、ボディの横を切り取り、斜めに折り曲げて6枚の羽根を作ります。

　そうしたら、まっすぐにした**針金ハンガー**をペットボトルに刺して、ボトルの底から出た針金を曲げて抜けないようにします。これで、風車のまわる、唯一無二の陣地のできあがりです。

用意するのは
針金ハンガーとペットボトル

⬇

ペットボトルのふたと
底に穴を開ける
↓
ボディに羽をつける
↓
針金ハンガーを
ペットボトルに刺す

⬇

**自分たちの
基地の目印が
できる!**

**レベル
アップ
裏ワザ　紙コップで作る風車**

　紙コップでも風車を作れます。要領は、針金ハンガー
で作るときと同じです。まず、底の真ん中にボールペン
などで穴を開けます。次にコップの口のまわりから底に
向かって6等分の切り込みを入れ、30度くらいの角度を
つけたら斜めに折って羽を作ります。あとは針金ハンガー
でもいいし、細い木の枝を刺せば完成です。

昔ながらの遊びで
盛り上がる裏技

木と輪ゴム、紙でゴムパチンコを作る!

　子供たちにとってアウトドアの楽しみといえば、何はさておき、遊ぶことではないでしょうか。

　そこで、提案です。ゴムパチンコを作るのです。

　まずは、Yの字になった木の枝を見つけます。理想をいえば、持ち手の枝は握りやすい太さがあり、Y字の枝は2本とも同じ太さを選びます。

　あとは、輪ゴムをつければできあがりです。最低でも**輪ゴムは2〜3本かけるといい**でしょう。

　パチンコ玉は、紙を小さく数回、折ったものを輪ゴムに引っかけて使います。地面や、キッチンテーブルなどの上に置いた紙コップや空き缶などを的(まと)にするといいでしょう。人やペットには向けないでください。

ゴムパチンコの作り方

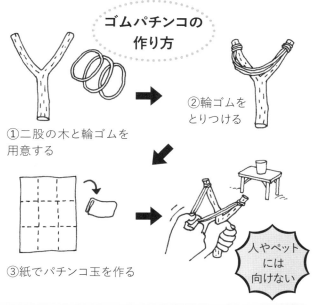

①二股の木と輪ゴムを用意する

②輪ゴムをとりつける

③紙でパチンコ玉を作る

人やペットには向けない

こんな技やってみました

「利き○○ゲーム」大会で盛り上がる

　ディナーのあとに盛り上がるのが、「利き○○ゲーム」です。バーベキューにつきものの飲み物や、ポテトチップなどのおやつ類の銘柄を当てっこするのです。テイスティングのルールを決めたり、優勝者の景品や、最下位の人の罰ゲームを用意しておくと盛り上がり必至です。

河原や海辺で
芸術作品を創るには？

小石を集めて描く、ストーンアートがオ
ススメ

テントの設営が終わったら、小石を見つけて自分だ
けのアート作品づくりに挑戦してみてはどうでしょう。

ストーンアートは子供たちの感性を養うのに最適で
す。素材となる石は山や海を問わず、キャンプ場やそ
の周辺ならいろいろな石に出合うことができます。そ
れらの石を使って**世界に一つの作品を創作する**のです。

メロンやトマト、ナスなどの"食品サンプル"は比
較的描きやすく、完成作品はアート作品として自宅に
飾るのもいいでしょう。

アクリル系の塗料をあらかじめ用意しなくてはなり
ませんが、それでも手間をかけてでも挑戦してみる価
値はあります。

ストーンアートは
子供たちの
感性を養う

材料は
自然の中から
借りてくる

アクリル系塗料
は持参しよう

犬　　　　なす

こんな技
やって
みました

流木を部屋のインテリアにする

　僕は一時、流木集めに凝ったことがあって、キャンプに行くたびに河原や浜辺を歩いては"アート"として見栄えのいい木を探していました。大きめの流木なら庭に置いたり、小さいものは部屋に置くだけでおしゃれな 「流木インテリア」になります。照明器具をからませたり、デニム専用のハンガーとしても活用できます。

キャンプQ＆A④

　川辺にあるキャンプ場でよくやるのが、「水切り」。石切りとか跳ね石ともいいますが、さて、どんな石を選べばよく跳ねて、遠くへ飛ばせるでしょうか？

A　直径5〜10センチの上も下も平らな石
B　手のひらにのる大きさの丸くて軽い石
C　水に接する面が平らで、上が丸くなっている石

答え…C

　丸い石よりも、平らな石のほうが水に触れる表面積が大きいので跳ねやすく、上部は丸みを帯びているほうが風の抵抗を受けにくいという理由です。

　学者によっては、水に触れる底面が湾曲しているほうが跳びやすいとか、投げたときの力や石にかかる重力なども関係してくるとか、いろいろな説が飛び交っています。

　ちなみに、ギネスの世界記録は88回です。

5 章

もしものときの
対応

方位磁石を持たずに
道に迷ったら…

木の葉の茂り方や、コケのつき具合を
見る

　山の中で迷ってしまった。方位磁石はない。おまけ
に雨が降っていて太陽は出ていない……。これでは
持っている地図も役に立ちません。

　そんなときは、**まわりの樹木**をよく見てください。

　植物は光合成によって成長するので、太陽の光がよ
く当たる方向に伸びようとします。南の方角のほうが
北側より生い茂っていたり、切り株があったら年輪が
幅広いほうが南です。

　また、岩や木の根元に生えているコケを注意して見
ると、北側のほうにびっしり生えています。

　方角がわかったら、あとは地図とにらめっこ。あせ
らずに下山しましょう。

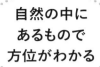

**自然の中に
あるもので
方位がわかる**

樹木

南の方が
北側より
生い茂っている

切り株

年輪の幅が
広いほうが南

コケ

北側に生えている
ことが多い

**こんな技
やって
みました**

時計を使えば方角がわかる

　太陽が出ていれば、より正確な方角を知ることができます。時計の短針を太陽のほうに向けてください。文字盤の 12（時）と、短針の真ん中の方角が「南」になります。この方法は、あくまでもおおよその方向がわかる程度ですが、方位磁石がないときは、文字盤のあるアナログ時計が強い味方になってくれます。

手のひらを見るだけで 日没までの時間が わかる

地平線と太陽の間に指が何本あるか
を数える

「日没まであと何時間?」と聞かれても、時計を見た
だけではわかりません。そこで、地平線が広がる絶景
の地にテントを張っていたら、ぜひとも試してみたい
のがこの方法です。

まず、腕を前にまっすぐ前に伸ばして、手のひらを
内側(自分の方)に向けます。自分の目の位置から見
て太陽と地平線までの距離が、指で何本分あるかを数
えてみてください。

指1本分が約2度なので、**手のひらが全部収まれば
10度**になります。太陽や星は1時間に15度ずつ進む
ので、1度は4分になる計算。指5本分なら、日没ま
であと40分というわけです。

腕を前に
まっすぐ伸ばし
手のひらを
内側に向ける

指1本分が約2°

指5本で
10°

1度で4分、
指5本なら40分で日没

星や太陽は
1時間に15°
進む

裏ワザ（レベルアップ）　地面に棒を立てる手作り時計

　太陽や星が1時間に15度進むということを利用すれば、たとえ時計がなくても、おおよその時間がわかります。まず、地面に南北に通る線をひき、その上に垂直に棒を立てて、その影を読み取る方法です。同じ場所で2〜3日キャンプするようなときに、この手作りの時計で生活してみるのも一興です。

天気予報を
聞かなくても
明日の天気がわかる

> キャンプ場の生物や植物を見れば雨が
> 降るかどうかわかる

「猫が顔を洗うと雨が降る」といった、天気にまつわる言い伝えは昔からいろいろありますが、アウトドアの場面でも雨の予測ができます。

たとえば、**タンポポの花が閉じていたらもうすぐ雨が降る**、**ハルゼミが泣き止んだら雨になる**など……どちらも、低気圧の接近や湿気などを敏感にキャッチしているのです。

アリが列をなして"引っ越し"をしているのも大雨の前ぶれで、雨で地下水が増えるため、働き者のアリたちが、前もって自分たちの巣を移動しているのです。

ツバメが低く飛ぶと雨になるとか、天気にまつわる言い伝えはバカにできません。

タンポポの花が
閉じていたら
雨になる

アリが行列
していたら
大雨の前兆

レベルアップ 裏ワザ

イワナの腹から小石が出てきたら

　イワナが釣れたら、お腹の中をよく見てください。もし、大量の砂や小石が出てきたら雨が降る確率大です。これは、イワナは雨が降る前に小石などを食べる習性があるからです。小石を飲み込むことで体重を増やし、雨で川が増水しても流されないようにしているのです。イワナの気象探知能力は相当なものです。

テントに穴が
開いているのを
見つけたら

補修の万能選手・布テープやダクト
テープで応急処置をする

　いざテントやタープを広げたら、穴が開いていた
……、なんてことはキャンプではよくあります。

　そんなときに便利なのが、**布テープ**です。簡単な補
修ならば雨漏りに限らず、いろいろなシーンに使えま
す。ただし、紙製のものは不可です。

　でも、それ以上に強力なのがアメリカで重宝されて
いる**ダクトテープ**です。何といっても粘着性が高く、
防水性に優れているので、雨漏り対策にはうってつけ
です。Amazon やヨドバシの通販でも手に入ります。

　おまけに金属など、どんなものにもくっつくので、
車のヘッドライトやバンパーの破損、バイクの補修な
どの応急処置にも使えます。

雨漏り対策に
うってつけの
ダクトテープ

ちょっとした
傷や穴なら
布テープで
補修できる

布テープは
紙製のもの以外ならたいていのものに使える

 裏ワザ レベルアップ **風に負けないタープの張り方**

　タープの大敵といえば風。そこで、強風にも負けない
タープの張り方のコツを5つ紹介します。①設営は風上
から行う、②全体を低くする、③風上を低くし、風をい
なすように「片落とし」のスタイルにする、④ロープと張
り縄の角度は90度、⑤張り縄を増やしたり、ペグをダブ
ルで打つと効果的。これだけで強靭なタープの完成です。

タープのつなぎ部分が破けてしまったら？

小石とロープでタープに張り網をして固定する

バーベキューで重宝するのがタープです。強い日射しや雨をよけてくれるキャンプの必需品です。

でも、タープの種類や強度、素材によっては、強い風を受けるとバタバタと波打ってしまうことがあります。そのままにしておくと、グロメット（ハトメ）と呼ばれるつなぎ目が破けてしまうことが……。

そんなときは、**こぶし大の丸い小石**を探します。その小石を、てるてる坊主を作るときのようにタープでくるんで、頭を出します。その上からグロメットに通してあった張り網をしっかりと結びましょう。

ただし、長い時間続けると石でシートが傷つくので、あくまでも応急処置として代用します。

緊急時に便利な方法

この部分が破けたら…

小石

タープに小石を
くるんで上から
張り網を結べば
OK

こんな技
やってみました

バンを2台並べてタープ代わり

　タープを用意できない場合は、工事用のブルーシート
やテントなどでも代用できますが、もっとも手軽なのが
ワンボックスタイプのクルマのテールゲートを利用する
ことです。1台でも雨はしのげますが、2台以上のときは、
お互いのテールゲートを向き合わせて駐車すれば、十分
タープの代わりになります。

ペグを忘れたり 地面が固くて 刺さらなかったら…

木や大きな石にロープを巻きつける

キャンプの達人を自負していても、忘れ物をするときがあります。

なかでも、これを忘れると困り果ててしまうのが、ペグです。ふだんからタープやテントと一緒にしまっておけば問題がないのですが、あったとしてもペグが役に立たない場合があります。

たとえば、地面が固くてペグが刺さらない場合は、サイトの近くにある**木にロープをくくりつけましょう**。その際、樹木を傷めないようにタオルなどを巻いてからくくりつけると、強度が増します。

逆に、軟弱な地面や砂地であれば、**大きな石や流木に巻きつける**ことでペグの代わりになります。

**砂地の
とき**

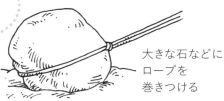

大きな石などに
ロープを
巻きつける

**地面が
固いとき**

木にロープを
くくりつける

タオルを
巻くと
よりよい

裏ワザ レベルアップ
ペグの位置を知らせてくれる
ソーラーライト

　必ず足を引っかけるのが、ペグとロープです。とくに
夜はペグもロープもよく見えないので危険です。蓄光式
のロープとペグもありますが、どうせなら、設営時にペ
グと一緒にソーラーライトも差し込んでおきましょう。
これなら、夜になると勝手に足元を照らしてくれます。

ペグがどうしても 抜けないときは？

予備のペグを引っかけて、ねじりなが ら抜く

ペグは、テントやタープの命綱的な存在です。だからといって設営のときに無理やり土中に強く打ち込むと、抜くときにとても苦労します。

力ずくで引っ張ってもびくともしないときは、無理をしないで**予備のペグをうまく利用**すれば、女性でも簡単に抜くことができます。

まず、埋まっているペグに対して、あまっている予備のペグを取っ手になるようにして引っかけます。あとは**ゆっくりと、引き上げるようにしてねじりながら抜く**だけです。

これなら少しの力でもできるので、もう、みんなの前で尻もちをつかなくてすみます。

ペグがなかなか刺さらないときは
無理をして打ち込まない

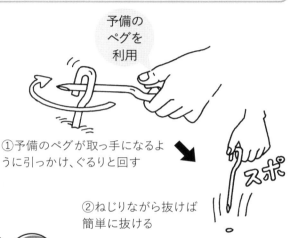

予備の
ペグを
利用

①予備のペグが取っ手になるように引っかけ、ぐるりと回す

②ねじりながら抜けば
簡単に抜ける

スポ

レベルアップ 裏ワザ 石を重しや目印にする

　キャンプ場へ着いたら、テントやタープを張る前にやっておきたいのが石探しです。1人で持てるぐらいの大きい石を見つけて、張網を結んだペグの上に置いておくのです。こうしておけば、石が重しになってくれるので網が安定します。しかも石が目印になって、ペグにつながったロープに足を引っかけることもなくなります。

突然、雨に降られても サッと体温調節を するには？

レインウェアを着る前に、着ている服を1枚脱ぐ

　野山を歩いていたら、突然、雨が降ってきた……。リュックからあわててカッパやレインコートを取り出して着るのはいいのですが、ちょっと待ってください。それでは、単純に服が1枚増える計算になります。

　歩いているときや作業中は体は熱を帯びてくるし、温度差が生まれるので風邪をひく原因にもなります。

　そこで、レインウェアを着用するときは、**それまで着ていた服を1枚脱ぐ**ようにします。そうすれば、体温調節もバッチリです。

　これは、登山のときは重ね着をするという「**レイヤリング**」というテクニックですが、とくにビギナーは押さえておきたい基本知識です。

**雨に降られたときに
気をつけるポイント**

着ていた服を
1枚脱いでから
レインウェアを着る

レインコートを服の
上から着用すると、
体が熱を帯び、
温度差で風邪の
原因になる

こんな技
やって
みました

濡れた衣類はタオルにつつむ

　雨でぐっしょりになった衣類を早く乾かしたいときは、まずギュッと絞って水気を切ります。その後、乾いたタオルに衣類を広げて敷いて、タオルごと丸めて足で踏みます。これだけで水分の取れる量はだんぜん違うので、あとは風通しのいいところへ干せば、通常より早く乾きます。

雨で濡れた服を
一晩で乾かす

濡れた服を着たまま寝袋に入って寝る

「えー！　風邪ひいちゃうよ！」と思うかもしれません
が、寝袋（シュラフ）はセーター2枚分の保温力が
あるのと同時に、びっくりするくらい吸水性に優れて
います。

真夏のキャンプでも夜中はけっこう冷え込むので、
外に洗濯物を干しても、必ず乾くとは限りません。そ
れに明け方の露でびっしょり、なんていうこともある
でしょう。ちょっと雨で濡れたくらいなら、着たままシェ
ラフに入ってしまいましょう。**自分の体温で乾かす**わけ
です。風邪をひく前に乾いてしまいます。

ただし、帰宅後、寝袋をしまう前に必ず干すことを
忘れずに。

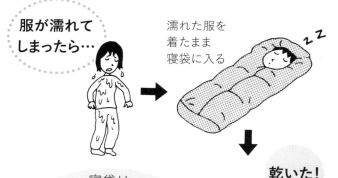

服が濡れて
しまったら…

濡れた服を
着たまま
寝袋に入る

乾いた！

寝袋は
びっくりするくらい
吸水性に優れている

裏ワザ 背中や腰にタオルをあてる

　濡れた服を着たままで乾かすとき、そのまま寝袋に入るよりも、背中や腰にタオルをあてて水分を吸い取るようにすると、乾くスピードはグンとアップします。

　ちなみに、ポリプロピレン製の下着を着ると、濡れた服を着たときの最初の不快感が和らぎます。着替えないときの対策として覚えておきましょう。

寒さに襲われて
着るものがなかったら…

体に直接、新聞紙を巻きつけるだけで
保温力がアップ！

持っている服をどれだけ着込んでも、毛布や寝袋に
くるまっても、どうにもしのげないほどの寒さに襲われ
ることがあります。

もし、あまりの冷え込みに耐えかねるようだったら、
新聞紙を直接、体に巻きつけてみてください。新聞紙
は想像以上に風を通さないので、これで外からの冷気
をシャットアウトできます。新聞紙がなければ**段ボー
ル紙を下に敷いたり**、掛布団の代わりに上からかける
こともできます。

多少ゴワゴワするのが難点ですが、震えながら過ご
すよりはずっとマシです。新聞紙や段ボール紙は火お
こしなどにも使えるので、持参すると重宝します。

寒さに
耐えられない
ときは…

段ボール紙を
敷いてもOK

新聞紙を体に
直接巻きつける

新聞紙で作る防寒着

　古くなったセーターやトレーナーを2枚用意します。それを2枚重ねたら、小さく切り刻んだ新聞紙を服の間に均一に詰めます。最後に2枚の服を縫い合わせれば完成。新聞紙を詰めた部分に暖かい空気の層ができて、ダウンジャケットと同じ構造になります。中身が移動しないよう全体にキルティング加工をほどこせばより完ぺきです。

ちょっとした工夫で
テント内の冷気や湿気を
シャットアウトできる

> 床面に敷くテントマットの端を10セン
> チほど立ち上げておく

　真夏のキャンプ場で注意したいのが、朝晩の冷え込みです。日中はギラギラと太陽が照りつけていても、夜になると外気がぐっと下がり、体調を崩してしまうことも少なくありません。

　そこで、テントの中の冷え込み対策としてちょっとした工夫を凝らしましょう。

　テントを設営するときは、下には必ずテントマットを敷くものですが、その際、**テントより少し大きめのマット**を用意してください。その端のところを壁面に沿って**10センチほど立ち上げる**のです。

　この"立ち上がり"を作ることで、地面からの冷気ばかりか湿気までも防いでくれます。

手軽な
朝晩の冷え込み対策

テントより大きめのマット

壁面に沿って10cm立ち上げると、
地面からの冷気や湿気を防げる

タオルを首に巻くだけでポカポカ

　寝袋（シュラフ）は小さく折りたためて荷物にならない
うえ、つま先から首まですっぽり包み込んでくれるので、
夜間に冷え込むテントでは欠かせないアイテムです。さ
らに寒さ対策をするなら、首元にタオルを巻くのが効果
的です。こうすればジッパーのすき間から入る冷気を防
ぐことができて、体全体がポカポカします。

川を安全に、転ばずに 向こう岸まで渡るには

靴の上に靴下をはき、上流に向かって 斜めに歩く

アウトドアでまったくないと言い切れないのが、川を渡るシーンです。

川幅のある川を渡らなくてはならなくなったときは、少しでも流れが緩やかで、浅いところを選びます。

川の中は小股で、すり足のようにして歩きますが、足元の石がグラついたり、滑ったりしないかを確認しながら少しずつ歩を進めます。大切なのは、**少し上流に向かって斜めに歩く**ことです。

そうすると、渡る距離は長くなりますが、水圧を横から受けないので、転びにくくなります。

ちなみに、靴の上に厚手の靴下をはかせて歩くと、すべり止めになって足元が安定します。

少しでも流れが
緩やかで浅いと
ころを選ぶ

上流

靴の上に厚手の
靴下をはく

まっすぐではなく、
少し上流に向かって
斜めに歩く

下流

レベル
アップ
裏ワザ

日陰を選んで渡ると安全

　川岸で見ていたときには気づきませんが、実際に歩いて
みると川底は起伏に富んでいます。急に深くなっていたり
するので十分注意する必要があります。できるだけ川底が
はっきりと見えたほうが足元の様子がわかりますから、太
陽が反射して水面がキラキラと輝いているところよりも、
日陰でよく見えるところを選んで渡りましょう。

ハードな山を
バテずに乗りきるには

甘納豆を休憩するたびにつまんで食べる

　登山やハイキングは、意外と過酷な運動です。何日も山を踏破するようなときはなおのこと、疲れを残さないためにも行動食は必ず持っていきたいものです。

　そこで、主食となるご飯や麺類のほかに、**甘納豆**をひと袋、ザックに忍ばせておくと安心です。

　甘納豆は、糖質（炭水化物）、たんぱく質、脂肪の三大栄養素を含んでいるうえ、軽くてかさばらず、少しの量でも多くのエネルギーが得られる「一石三鳥」の食品です。エネルギーの供給が間に合わなくなると体がバテるので、その前に口にしたいものです。

　僕の定番は、塩ようかんにかりんとうで、妻はドライフルーツやチョコレートがお気に入りのようです。

軽くて
かさばらない

甘納豆は
三大栄養素を
含む

少量で
エネルギーが
得られる

主食のほかに
甘納豆をひと袋
ザックに入れて
おく

なんで
そうなるの

糖類は疲労回復の手助けになる

　人間は、疲れたときに甘いものを食べたくなりますが、糖質類はすぐエネルギーに変わって疲労回復の助けとなるので、理にかなっています。また、汗をたくさんかいたときは塩分も大切。これが不足すると体がだるくなり、血圧が下がって立ちくらみをおこしやすくなります。また、スポーツドリンクもオススメです。

山を登るときに
疲れない歩き方は？

> 小股でS字を描くようにして歩き、こまめに休息をとる

　キャンプ地の近くに低山があれば、ちょっと登ってみようかなとなるときがあります。でも、知っているようで案外知らないのが、登山のときの歩き方です。

　基本は、**小股で歩く**こと。礫地（れきち）などではどうしても大股になりがちですが、それでも意識して歩幅は小さく保つことです。

　しかも、傾斜がきつくなってくるとつい大股になりますが、そのときはS字を描くように、**ジグザグに歩くと疲れません**。足元を見ずに1.5メートルほど先に視線を置きながら歩くといいでしょう。

　ちなみに、歩きはじめは「10分歩いたら小休息」を数回繰り返すと体に負担がかかりません。

基本=小股で歩く

視線を
先に置いて、
ジグザグに歩くと
疲れない

裏ワザ（レベルアップ）　トレッキングポールは4駆と同じ

体力を温存するという点では、トレッキングポールを積極的に使いましょう。車と同じで、2輪駆動車と4輪駆動車では馬力も安定感も違います。人間も同じで、2足歩行より"4足歩行"のほうが安定しているし、何より安全です。ただ、意外とむずかしいのが扱い方です。そこは、上級者と一緒に行くなどして学んでください。

地図を傷つけず ポケットに入れて 持ち歩くには

蛇腹に折って、折山が中に隠れるようにすれば擦れない

スマホに地図アプリを入れて山歩きをする人も多いですが、紙の地図の強みは、大画面で見られて、電源がいらないところです。

ただ、大きなペラ紙の地図を出し入れしていると、折り目が擦れてボロボロになってしまいます。

そこで簡単な裏技です。まず、地図面を内側にして**蛇腹に折ります**。その際、両端の余白部分が少し突き出るようにして折ると、地図面の折山が内側に隠れるので、ポケットなどに入れても擦れないばかりか、ボロボロにならずにすみます。

それを**四つ折り**にしておけば、取り出すのも簡単。知りたい情報がすぐに見られます。

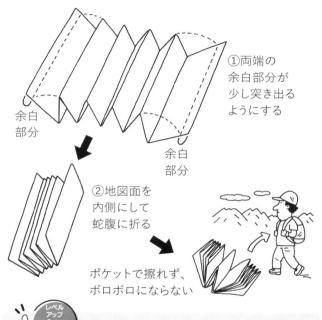

①両端の
余白部分が
少し突き出る
ようにする

余白
部分

余白
部分

②地図面を
内側にして
蛇腹に折る

ポケットで擦れず、
ボロボロにならない

レベルアップ 裏ワザ　複数の地図は貼り合わせる

　複数の地図を見たいときは、あらかじめ貼り合わせておくと便利です。そのとき、セロハンテープを使うと上から文字が書けないので、透明なメンディングテープを使うといいでしょう。そのまま貼るとあとで剥がしたときに汚くなるので、一度肌に貼って粘着力を弱めておけば、きれいに剥がすことができます。

山道でも
何食わぬ顔をして
用を足せる裏技

ポンチョをかぶって腰を下ろせばブラ
インド状態になる

　アウトドアシーンにおける心配ごとのナンバーワン
といえば、トイレです。男女を問わず、突発的な便意
はまさに死活問題です。

　なかでも、周囲に障害物がまったくない山道で急に
もよおしてしまったときに便利なのがポンチョです。
**首からすっぽりくるまって体を隠し、何食わぬ顔で用
を足してしまいましょう。**

　しゃがめば、ちょうど地面までブラインド状態にな
るので、最低限のプライバシーは守れます。

　時間的に余裕があるなら、地面に穴を掘ればなお快
適に用が足せます。終わったあとにスギの葉などをか
ぶせておけば臭い消しにもなります。

物陰がないところで
用を足すには
ポンチョが便利

**余裕があるなら
地面に穴を掘る**

スギの葉を入れる
と消臭効果がある

スギの葉

レベル
アップ
裏ワザ

臭いものはきちんと消臭

　いくら緊急事態とはいえ、やっぱり気になるのがニオイ。屋外で用を足すときは、線香をたけば消臭と虫除け効果が期待できます。また、掘った穴にスギの葉を入れても効果が得られます。いずれにしても、即席トイレの場所は必ず風下に設置し、排泄物には砂や土をかけておくのがエチケットです。

どうしても
飲み水が手に入らない
ときは？

木の皮や葉をしゃぶって生き延びる！

　自分だけは大丈夫だと思っていても、いつ何時、サバイバル生活を強いられるかはわかりません。そんな非常事態に備え、生き延びるために最低限必要な水を得るノウハウを覚えていても損はありません。

　まずは、**植物の葉や木の皮**をしゃぶってみます。ごく少量ですが、必ず水分は含まれているので、ある程度ののどの渇きはしのげます。

　また、海が近ければ、泳いでいる魚を捕まえて衣類やタオルなどの布で絞れば、**魚の体内にある水分**が得られます。ただし、この方法は必ずしも衛生的とはいえないので、あくまでも最後の究極の手段として覚えておきましょう。

植物の葉や木の皮をしゃぶってみる

少量の
水分を
得られる

生魚を衣類などの布に包んで絞る

衛生面
に注意

 尿を濾過すれば飲み水にできる

　濾過装置が作れれば、尿も立派な飲料水になります。ペットボトルやバンダナなどに小石、砂利、炭、細かい砂、草（あれば麻などの繊維）の順に下から重ねていきます。尿をこれで濾過すれば、アンモニアもほとんどが除去されてしまうので、ニオイも残りません。生き延びるためには尿も貴重な水分なのです。

救急セットが
ないときの応急処置

火傷は冷水の入ったコップで患部を直
接冷やす

　キャンプは"非日常"の世界です。自然の中で寝起きし、調理用具も使い慣れないものばかりです。

　そうなると、思わぬアクシデントに見舞われます。なかでも多いのが、虫さされや火傷、切り傷、すり傷、打撲などです。

　虫さされ対策としては、とにかく危険な虫には近寄らない、触らないのが一番です。また、火傷は患部を冷水で冷やしたり、冷水を入れたマグカップで冷やすのも手です。

　なお、切り傷やすり傷は傷口からバイ菌が入ることもあるので、**傷口の中まで水で洗います**。もしも、傷パッドなどがなければ、ラップで患部をおおいましょう。

火傷の場合

冷水につけた
タオルで
冷やす

冷水を入れた
マグカップで
冷やす

切り傷・擦り傷の場合

①傷口を
水で洗う

②傷パッドがなければ
ラップでおおう

「もしも」を防ぐ事前対策

　キャンプでは「もしも」は起こるものとして想定しておくことが大切です。その「もしも」を事前に防ぐには、服装はなるべく肌の露出を抑え、帽子をかぶるのが基本です。カッパや長靴、作業用には積極的にグローブを使いたいです。そして「もしも起きた」ときのために、事前に医療機関をチェックしたり、健康保険証は必携です。

スズメバチに
刺されないためには
どうすればいい？

ハチが襲ってきたらしゃがみこんで、
ゆっくりとその場を離れる

夏から秋になると、スズメバチに出くわすことがあります。巣に近づかない、ハチを攻撃しないのが一番ですが、もしも襲ってきたらすぐにしゃがみます。これは、**スズメバチは下が見えにくい習性がある**ためです。

そして、その場にじっとしてハチが去るのを待つか、しゃがみこんだままで、**ゆっくりとあとずさりしながらその場を離れる**ようにします。あわてて手で払ったり、駆け出したりしてはいけません。

もうひとつが、巣を刺激してしまいハチが襲ってきたケースですが、この場合はすぐに逃げます。まっすぐに走り、巣から離れたところ（80メートルくらい）まで逃げれば、もう追ってこないはずです。

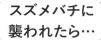

スズメバチに
襲われたら…

すぐに
しゃがむ

巣を刺激して
ハチが襲って
きたら

まっすぐに
走る

約80m

レベル
アップ
裏ワザ

首にタオルを巻いておく

　スズメバチに首筋を刺されると、気管がむくみ、呼吸
困難を起こすことがあるので、あらかじめ首にタオルや
ハンカチを巻いておくとよいでしょう。スズメバチに刺
されて死亡するケースは年々増えています。強い猛毒を
持った昆虫なので、巣を見つけても、近づいたり、石を
投げたりしないことです。

運悪く
雷に遭ってしまった
ときの避難術

木から離れて姿勢を低く保つ

雷は、強い日差しで温まった上昇気流などによって、大気が不安定になったときに発生しやすくなります。しかも、夏の雷雲は2～3日続くことが多いので、前の日に落雷があったら次の日も用心をしたほうがいいでしょう。

それでも運悪く雷にあってしまったら、手っ取り早い避難場所は**車の中**です。落雷の電気は、車の表面だけを流れてタイヤから地面に逃げるので安全です。

また、雷は金属に落ちるのではなく、高いものに落ちやすいので、高い木があったらてっぺんから45度より中に、さらに**木から2メートル以上離れて低い姿勢をとる**と比較的安全です。

ハケを引いたような
白くて薄い雲が
増えたら要注意

雷に遭って
しまったら…

45°

2m以上離れる

裏ワザ 地面に横になってシートをかぶる

　山頂や稜線を歩いているときは、そこから20メートル以上低いところに移動して、窪地や洞窟に入って雷雲が去るのを待つといいでしょう。また、見晴らしのいい草原にいるときなど、避難する場所が見当たらないときは、地面に横たわって丈夫なシートをかぶれば、とりあえず安心です。

雪崩に遭わないための
基本のキとは？

> 一番安全なのは、発生しやすい場所に
> 近づかないこと

　当たり前ですが、一番安全なのは雪崩が発生しやすい場所に近づかないことです。

　大量の雪が降っているときや、新雪が積もった直後、また気温が上昇したとき、雨が降ったあとに雪崩は起こりやすくなります。

　地形的には**山岳地の 30 〜 45 度ぐらいの斜面で起こることが多く**、まわりに樹木があるのに、そこだけ広場のようになっているところは、以前に雪崩が起きた可能性があります。そんな場所はとくに要注意です。

　ちなみに、雪崩に遭ったときは、泳ぐように手足を動かすといいなどといいますが、必ず助かるという保証はありません。

雪崩は30〜45°くらいの斜面で起こりやすい

泳ぐようにしても助かる??

助かるという保証はない

一番いいのは発生しやすい場所に近づかないこと

目の紫外線対策も忘れずに

　積雪があるときに気をつけなければならないのは、雪崩だけではありません。雪面は紫外線を反射させるので、皮膚や目などへの影響がかなりあります。天気がいいからと半袖でいたり、サングラスをかけないでいると、あとで大変なことになります。とくに目は、気づかないうちに角膜を傷つけてしまうこともあります。

もしもその場で身動きがとれなくなったら

木や石で「SOS」を作ったり、ホイッスルを持っていったりすると心強い

最近では、携帯電話で安易に救助ヘリを呼ぶことが問題になっていますが、万が一の場合にそなえて、基本的な救助の要請方法を知っておくべきです。

たとえば、広い場所では木や石を使って地面に**「SOS」の信号**を作ってたり、太陽が出ている場合は、**鏡を使って太陽光を反射**させます。鏡がなければ、スマートフォンの画面が鏡代わりになります。

また、生木やビニールなどを燃やして、断続的に煙（のろし）が上がるように、布をかぶせたり取ったりを繰り返して自分の位置を知らせるようにします。

そして、常備しておきたいのが**ホイッスル**です。クマ避けや、ケガをして動けない場合でも使えます。

木や石で
地面にSOSを
作る

信号で自分の存在を知らせる

鏡を使った
反射光で
助けを呼ぶ

光で自分の位置を知らせる

ホイッスル
を吹いて
助けを呼ぶ

ホイッスルは
いつも持っていたい

音で自分の位置を知らせる。
クマ避けにもなる

テントがなくても
雪の中で
安全に過ごすには？

太い木を支柱にして穴を掘り、厚着し
て保温する

　雪がやんだり、小降りになるのを待って、太い木の
まわりに自分ひとりが座れるくらいに穴を掘ってシー
トでおおえば、十分に休息できます。

　でも、雪が降っていたり、強風が吹いてきたときは、
小さな丘や山の斜面に横穴式の穴を掘って、スキーの
板やストックのようなものとシートを使って出入り口
をカバーします。これだけで、かなり快適性が高まり
ます。

　いずれにしても、**お尻と背中が雪に触れないように
する**のがポイント。マットやザックをクッション代わ
りにして、手持ちの衣類を重ね着すれば、何とかビバー
クできます。

**雪がやんで
いたら**

太い木のまわりに
穴を掘り、
シートでおおう

**雪が降って
いたら**

小さな丘や
山の斜面に
横穴を掘る

スキー板やシートなどで
入り口をカバー

レベルアップ 裏ワザ 雪崩や風向きに注意する

　木の下で休むときは、枝に積もった雪を前もって落としておかないと、突然、風が吹いてきて雪まみれになるので要注意です。また、横穴式のときは雪崩の心配のない安全な場所を選んで、風下側に掘るようにします。雪の吹き溜まりや枝についている雪の様子から、風向きが分かります。

おわりに

　この本をまとめながら、僕は初めてテントでむかえた朝のことを思い出していました。もうずいぶん前のことになりますが、忘れることはありません。

　すぐ近くで鳴いている鳥の声で目をさますと、まだ5時前でした。文筆業という仕事柄、徹夜してそんな時間まで起きていることも珍しくありませんでしたが、この朝の僕は、なんだか無敵でした。

　朝露で少し重くなったテントの布地を開けて外に出ると、空気がみずみずしい青色をしていました。その空気を胸いっぱいに吸い込むと、今度は土と緑の合わさった、なんともいいにおいがしました。

　ひと伸びしてから、前日に確認しておいた水場で顔を洗い、淹れたてのコーヒーを飲む頃には頭がすっきりと冴え渡り、日常に戻ってからもその感覚がしばらく続きました。

　あれは、特別な朝でした。あの朝から約30年たったいまも、僕はキャンプのとりこです。

　ソロキャンプはもちろん、妻や子供たち、友人など
いろんな人とキャンプへ行きました。そのうちキャン
プでは飽き足らず、離島で1週間過ごしたりもしまし
た。最初は僕のキャンプに付き合ってくれていただけ
の妻も、いまは雪山に行き、自分で掘った雪穴の中で
一晩過ごしたりしています。

　キャンプを経験したことのある方には、「特別な朝」
があると思います。これからキャンプを始めてみよう
という人は、そんな朝がこれから訪れるでしょう。
　楽しみ方はそれぞれです。最近ではいろいろ便利な
キャンプギアが販売されているので、それらを駆使し
て快適なキャンプを楽しむのもいいと思います。

　僕は「非日常と不便さを楽しむ」というスタイルのも
と、本書で紹介したような、不便で特別な日を楽しん
でいます。いろんなスタイルがあっていいと思います。
　すべての人が自分なりのキャンプを楽しめることを、
そして本書がその一助になってくれることを祈ります。

［参考文献］

『楽しいアウトドア・ライフ』（清水ケンゾー／日東書院）、『わが家流キャンピング』（中川祐二／ＮＨＫ出版）、『週末に楽しむ山歩きの本』（樋口等／大栄出版）、『すぐ役立つ山の雑学』（岳人編集部編／東京新聞出版局）、『体験的野外生活技術』（細田充／山と渓谷社）、『地球まるごとわれらがフィールド』（洞井孝雄／みずち書房）、『自然と触れ合う野外遊び』（日本ネイチャークラブ編／日東書院）、『自然の中で生き残るためのサバイバル読本』（工藤章興編著、伊藤幸司監修／主婦と生活社）、『アウトドア・サバイバル・テクニック』（赤津孝夫／地球丸）、『自然語で話そう』（広瀬敏通／小学館）、『料理の裏ワザ・隠しワザ２』（平成暮らしの研究会編／河出書房新社）、『生活裏ワザ・バイブル』（リサーチ21編／三笠書房）、『誰でもできるアウトドア極楽バイブル』（西村光生／講談社）、『ファミリーキャンピング』（掃岡一孝／千早書房）、『「勉強のコツ」シリーズ26 楽しくて役に立つ「サバイバル」大作戦－自分の身は自分で守れ！』（向山洋一編、高橋勲著／ＰＨＰ研究所）、『野外おもしろ知識』（岡田直久、小林祐一、星野瞳／主婦と生活社）、『中高年登山 トラブル防止小事典』（堀川虎男編著／大月書店）、『自然と遊ぼう うるおい情報シリーズ⑧』（淡交社）、『アウトドアライフの極意』（大海淳／主婦と生活社）、『父親のためのアウトドア・スクール』（くもん子ども研究所、今井通子、三浦雄一郎、藤木高嶺／くもん出版）、『初めての山歩き』（伊藤幸司／主婦と生活社）、『週末に楽しむアウトドアの本』（石川義治／大栄出版）、『かんたんアウトドア・クッキング』（細川隆平監修／ほるぷ出版）、『サバイバルクッキング どんなときでも食べぬく元気術』（坂本廣子／偕成社）、『冒険図鑑 野外で生活するために』（さとうち藍監修／福音館書店）、『ＴＲＡＭＰＩＮ' Vol.23』（地球丸）、『はじめてのキャンプ for Beginners 2023-24』（晋遊舎）、『ＢＥ－ＰＡＬ 2019年８月、10月号』（小学館）、『新しいキャンプの教科書』（STEP CAMP監修、池田書店）ほか

［参考ホームページ］

Alpen Grop Magazine　https://media.alpen-group.jp/media/

ARS CORPORATION　https://www.ars-edge.co.jp/contents/

BARREL　https://www.barrel365.com/skittle1/

CAMPLUS　https://campersbase-camplus.com/

CAMP HACK　https://camphack.nap-camp.com/

Iwatani　https://www.iwatani.co.jp/jpn/

JIKAN STYLE　https://www.jikan-style.net/

ごっこランドTimes　https://gokkoland.com/

美濃加茂市ホームページ　https://www.city.minokamo.gifu.jp/shimin/

ほか

[著者プロフィール]
夏川ロバート

栃木県生まれ。山と海が大好きなアウトドア歴 30 年のベテランキャンパー。休日には、地元の山岳会会員の妻と登山を楽しむ。出版編集プロダクション代表でもある。「自然の中には最新のキャンプギアに代用できるものがいっぱいある！」がモットーで、「非日常と不便さを楽しむ」のが基本スタイル。アウトドア遊びの達人でもある。

ベテランキャンパーが教える

キャンプが100倍楽しくなる裏技100

2023 年 8 月 10 日　第 1 刷

著者	夏川ロバート
イラスト	角愼作
発行人	山田有司
発行所	株式会社彩図社

〒 170-0005　東京都豊島区南大塚 3-24-4 ＭＴビル
TEL:03-5985-8213
FAX:03-5985-8224

印刷所	新灯印刷株式会社
URL	https://www.saiz.co.jp
	https://twitter.com/saiz_sha